WICCA

APÉDIA

MAGICAE

DARKSIDE

Originalmente publicado em inglês, nos Estados Unidos, pela Sterling Ethos, selo da Sterling Publishing Co. Inc. Esta edição foi publicada mediante acordo com a Sterling Publishing Co., Inc., 33 East 17th Street, New York, NY, EUA, 10003 e a Ute Körner Literary Agent.

Design do livro e layout original © Rachel Maloney
Imagens: © Corbis, © istockphoto, © Shutterstock

Tradução para a língua portuguesa
© Cláudia Mello Belhassof, 2022

Diretor Editorial
Christiano Menezes

Diretor Comercial
Chico de Assis

Gerente Comercial
Giselle Leitão

Gerente de MKT Digital
Mike Ribera

Gerente Editorial
Marcia Heloisa

Editoras
Nilsen Silva
Raquel Moritz

Adap. de Capa e Proj. Gráfico
Retina 78

Coord. de Arte
Arthur Moraes

Coord. de Diagramação
Sergio Chaves

Designer Assistente
Ricardo Brito

Finalização
Sandro Tagliamento

Preparação
Juliana Ponzilacqua

Revisão
Isadora Torres
Pamela P. C. Silva
Retina Conteúdo

Impressão e Acabamento
Ipsis Gráfica

DADOS INTERNACIONAIS DE CATALOGAÇÃO NA PUBLICAÇÃO (CIP)
Jéssica de Oliveira Molinari - CRB-8/9852

Robbins, Shawn
Wiccapédia / Shawn Robbins, Leanna Greenaway ; tradução de Cláudia Mello Belhassof. — Rio de Janeiro : DarkSide Books, 2022.
272 p. : color.

ISBN: 978-65-5598-215-2
Título original: Wiccapedia

1. Wicca I. Título II. Greenaway, Leanna III. Belhassof, Claúdia Mello

22-4488 CDD 229.94

Índices para catálogo sistemático:
1. Wicca

DarkSide® *Entretenimento LTDA.*
Rua General Roca, 935/504 — Tijuca
20521-071 — Rio de Janeiro — RJ — Brasil
www.darksidebooks.com

WICCAPÉDIA

O GUIA DA BRUXARIA MODERNA

SHAWN ROBBINS
LEANNA GREENAWAY

TRADUÇÃO
CLÁUDIA MELLO BELHASSOF

DARKSIDE

Em memória da minha mãe, que me ensinou a voar acima
das nuvens e a alcançar o sonho impossível.
Shawn Robbins

Para minha mãe, Beleta Greenaway, cujo cérebro foi
revirado ao extremo mais uma vez. Você é minha
inspiração e minha musa. Obrigada, Mamma.
Leanna Greenaway

WICCAPÉDIA

O GUIA DA BRUXARIA MODERNA

SUMÁRIO

PARTE 2: AR

BRUXARIA NA PRÁTICA

PARTE 3: FOGO

AMOR & MAGIA

PARTE 4: ÁGUA

HABILIDADE PSÍQUICA E DIVINAÇÃO

PARTE 5: TERRA

FECHANDO O CÍRCULO

OLHAR DAS AUTORAS

SHAWN ROBBINS

Sou uma travessa bruxa mediúnica do lado norte-americano que está saindo do armário das vassouras. Para mim, ser wiccana é um estilo de vida. É a crença de que todas as coisas são mágicas e de que você tem o poder dentro de si para mudar e melhorar o mundo ao seu redor, incluindo seu próprio mundo. É a liberdade de sair nas horas mais sombrias da noite e fazer um pedido a uma estrela brilhante para que suas esperanças e seus sonhos se tornem realidade. É o desejo de compartilhar com os outros que ser wiccana, como aprendi, pode transformar suas fraquezas em pontos fortes. A Wicca pode ajudá-la a viver a vida ao máximo. Neste livro, vamos mostrar como combinar as ferramentas extraordinárias da Wicca com os poderes da intuição psíquica que todos temos dentro de nós. Não espero nem quero que todos sejam profundamente médiuns como eu. Só quero que todos deem o melhor de si, aprendendo com o exemplo e compartilhando essas experiências com outras pessoas. Minha coautora, Leanna Greenaway, me disse para acolher quem eu sou e não ter medo do que o mundo pensa. Suas palavras foram a inspiração que me tirou do armário das vassouras e me trouxe para o mundo. E que alívio!

Sabe, desde criança eu sabia que tinha um jeito diferente de ver o mundo ao meu redor. Eu não só conseguia ver o que os outros não conseguiam, mas também ouvir, sentir e perceber coisas que não eram aparentes para os meus amigos. Algumas pessoas podem ver isso como um fardo, ainda mais para uma criança, mas eu nunca pensei assim. Eu sabia que esse "dom" era comum na minha família e que a minha avó, em especial, tinha uma ótima sintonia com seu sexto (e talvez sétimo, oitavo e nono) sentido. Nunca tive medo das minhas habilidades, nunca desejei não as ter. Elas sempre foram uma parte de mim, tão natural quanto respirar.

Uma coisa que posso dizer sobre ser uma criança mediúnica é que eu raramente me surpreendia. Eu sempre sabia o que o Papai Noel do Hanukkah ia me trazer. Eu sabia quando os meus amigos iam ligar ou aparecer; eu sabia quando meus pais tentavam planejar festas surpresa para mim. Mas, como sou curiosa por natureza, não considerei esses insights como "spoilers". Eu adorava saber o que ninguém mais parecia saber e, por ser tão nova, o fato de frustrar algumas pessoas só deixava tudo mais divertido para mim!

Mesmo quando as minhas visões eram de perigo iminente, eu não me esquivava delas nem tentava afastá-las da minha mente. Na verdade, a minha primeira premonição ocorreu quando eu era bem pequena e me acordou de um sono profundo. Eu gritava: "Fogo! Fogo! Pai!", e parecia que eu estava sufocando. Minha mãe correu até mim e tentou me acalmar, mas eu não aceitei e continuei gritando. Bem, ela por acaso virou a cabeça na direção da sala de estar, onde meu pai tinha adormecido, e viu que tinha alguma coisa queimando. Um fio elétrico ficou exposto e começou a queimar o tapete. Quando o perigo passou, percebi (com muito alívio) que eu provavelmente tinha salvado a minha família e que precisava prestar atenção às minhas visões.

Tive oportunidades incríveis de usar os meus dons para um bem maior ao longo dos anos. Descobri muitos jeitos diferentes de dar informações às pessoas que procuram algo *mais*. E fico feliz em fazer isso, porque sinto que — embora não tenha pedido isso —, quando *recebi* o dom de ver, também recebi a responsabilidade de *retribuir*.

Vou voltar por um instante e falar da minha família. Minha mãe nasceu em 1918 e tinha apenas onze anos quando a Grande Depressão chegou em 1929 — velha o suficiente para perceber como as coisas estavam muito ruins de verdade, mas jovem o suficiente para se sentir impotente. Felizmente, minha mãe tinha um talento especial para divinação e fazia leitura de mãos durante aqueles anos difíceis para os curiosos que podiam gastar alguns trocados.

Como a maioria das mulheres da família, minha mãe tinha um jeito de ver o lado positivo de qualquer situação, mesmo quando tudo era difícil. Quando jovem, minha pobre mãe, sem um tostão, adorava os "sapatos" de papelão que fazia com caixas. Ela colocava aquelas caixas nos pés e pensava nelas como chinelos mágicos, sonhando que eles a levariam para lugares distantes — qualquer lugar diferente de onde ela estava, praticamente sem-teto e lutando para sobreviver dia após dia. Essa é uma história importante, eu acho, porque é muito típica de pessoas que têm sensibilidades sobrenaturais. Os médiuns têm um jeito de se perder nas possibilidades que a vida tem a oferecer. Nós nos perguntamos o que o futuro nos reserva: como a vida pode mudar, como seremos daqui a um ou dois anos. É por isso que às vezes somos chamados de inconstantes e esquisitos, mas há um bom motivo. Tendemos a não insistir no que é — especialmente se estivermos presos em uma situação menos do que desejável — porque sabemos (e quero dizer: sabemos com certeza absoluta) que alguma coisa melhor sempre vai aparecer na próxima esquina.

Foi isso que aprendi com a minha mãe. Ela me ensinou que a esperança nunca é fútil ou tola, que ousar sonhar com um amanhã melhor é o único jeito de viver. Ela me incutiu a crença de que, embora nem todos tenham sorte na vida, existem maneiras de ajudar as pessoas a encontrarem o caminho no meio da lama e do lodo. Doar é o caminho para a felicidade interior, tanto para você quanto para a pessoa a quem você está doando. Era nisso que a minha mãe acreditava, e é isso que tento fazer com a minha vida, ajudar as pessoas a encontrarem respostas: para aqueles que são curiosos, para aqueles que se perderam, ou para aqueles que estão desesperados, convencidos de que não há nada de bom esperando por eles. A divinação, para mim, é uma forma de dar esperança às pessoas quando elas podem estar sem nenhuma, mesmo que isso signifique que eu tenha que procurar aquela coisinha positiva que está indo na direção delas. Todos nós precisamos de um raiozinho de luz para nos mantermos em movimento. Às vezes isso é tudo que existe. Se eu puder expor esse raio — entregar a alguém um par de óculos de sol virtuais e dizer com sinceridade: "O futuro é brilhante, meu amigo!" —, considero isso um sucesso.

O lado bom é que eu realmente posso ajudar as pessoas a serem o melhor que elas podem ser. Sem esperança, não há nada. Alguém que não tem fé no futuro não vai usar seus próprios dons para melhorar a si mesmo ou ao mundo ao seu redor — e que perda isso pode ser para todos nós! A desvantagem das minhas habilidades é mais pessoal. Os médiuns tendem a ser muito empáticos (na verdade, muitos de nós somos empáticos — isto é, podemos sentir a energia dos outros) e também tendemos a ser altruístas. Não suportamos ver o sofrimento, porque sentimos que devíamos conseguir ajudar. Recebemos essas habilidades incríveis e queremos usá-las para consertar tudo e todos! É claro que isso não é possível. Para cada pessoa que conheço que ajudei, ainda existem outras precisando de ajuda — pessoas que vivem nas ruas, doentes em hospitais, crianças famintas. Então procuramos outras maneiras de ajudar. Nós doamos — dinheiro, tempo, o que tivermos. Fora do ambiente de uma leitura formal, às vezes só em conversas passageiras, tentamos transmitir uma energia positiva encorajando os outros a serem otimistas e altruístas. É assim que somos, como grupo, e é o que podemos fazer.

Quero estender a mão e orientar as pessoas para que elas deem o melhor de si. Não quero dizer que elas precisam ser ricas, famosas ou extraordinárias de acordo com os padrões da sociedade. Quero vê-las reconhecerem a bondade dentro de si mesmas, tudo que a vida tem a oferecer a elas e as diferentes maneiras de ser uma estrela brilhante para os outros. Se eu puder fazer isso, considero meu trabalho feito — e bem-feito.

LEANNA GREENAWAY

Nasci e cresci na Inglaterra. Aos quatro ou cinco anos, acho que já sabia que era diferente das outras crianças do jardim de infância. Elas se sentavam diante das mesinhas cantando uma ou outra canção infantil e olhando com adoração para a professora. Eu? Bem, eu sonhava acordada, olhava pela janela e me perguntava como poderia fazer Jesus brincar de amarelinha comigo no recreio. Eu acreditava que ele estava ao meu lado todos os minutos de todos os dias, ainda mais porque havia uma luz branca misteriosa na minha visão periférica que aparecia quando eu menos esperava. Às vezes, ficava ali por uma hora; outras vezes, permanecia durante um ou dois dias. Na minha ingenuidade, presumi que essa luz incorpórea era Jesus de fato, talvez porque, naquela época, as assembleias escolares eram cheias de orações e hinos e era normal a maioria das crianças cristãs frequentar a escola dominical.

Quando olho para o passado agora, sei que a minha "luz misteriosa", que me acompanhou durante a maior parte da infância, devia ser meu guia ou meu anjo.

Quando criança, eu achava que todo mundo via essa luz estranha no canto do olho. Não falei disso com ninguém, ainda mais porque achava bem normal vê-la. Perguntei a alguns amigos na escola primária sobre as luzes, e eles não faziam ideia do que eu estava falando! Acho que eu tinha uma compreensão inata do mundo espiritual, sem nunca ter ouvido falar nele. No entanto, isso gerou muitas perguntas, e eu comecei a explorar a minha espiritualidade e a buscar orientação.

Meus pais não eram religiosos nem frequentavam a igreja — longe disso. Frequentei a escola dominical com a minha melhor amiga, Lorraine, todas as semanas por uns dois anos. O pai dela nos levava de moto em uma caçamba lateral, e para mim não havia nada melhor do que andar naquele anexo esquisito de metal, com óculos de proteção, um capacete roxo dos anos 1970 e o vento soprando no rosto. Era uma delícia.

Com a tenra idade de sete anos, eu estava sentada na igreja um domingo, ouvindo o reverendo falar sobre a Bíblia, quando me dei conta de que o sermão que ele estava proferindo não ecoava como verdadeiro na minha alma. Mesmo tão nova, eu era bem adulta e pragmática, e comecei a questionar as histórias da Bíblia. Eu não conseguia entender como Jesus pôde andar sobre as águas! Um dia, toda inocente, perguntei ao reverendo, na frente de toda a congregação, se Jesus, na verdade, estava andando em cima de gelo. Talvez, sugeri, o autor da Bíblia tivesse omitido essa parte sem querer. Parecia muito plausível para mim que uma tempestade terrível tivesse congelado o mar da Galileia e foi assim que ele conseguiu, mas passar sobre as águas como mágica na ponta dos pés, ah, não, nisso eu não acreditava! Uma senhora com seios fartos e um grande chapéu me conduziu rapidamente para fora por fazer perguntas demais.

Mas o incidente continuou na minha mente e, como nunca recebi nenhuma resposta lógica, comecei a buscar as minhas explicações.

Minha mãe começou a explorar a própria espiritualidade só porque tinha uma bruxinha de cabelos escuros que a questionava implacavelmente sobre coisas que ela não entendia. Ela entrava no meu quarto para me dar um beijo de boa-noite e me encontrava sentada de pernas cruzadas na cama, meditando. Quando ela me perguntava o que eu estava fazendo, eu respondia que estava procurando as minhas lindas luzes. Quando eu tinha uns dez anos, comecei a ouvir vozes. Às vezes, eram muitas pessoas conversando ao mesmo tempo, e eu colocava as mãos nos ouvidos e implorava que parassem. Mas as vozes não iam embora e, quando cheguei à adolescência, ficou claro que eu tinha me conectado com algum tipo de portal extrassensorial e estava dando sinais de mediunidade.

Eu era como uma pequena bomba-relógio mediúnica prestes a explodir e, conforme eu crescia, meu dom aumentava. Isso não surpreendeu Mamma, porque ela sempre teve a capacidade de prever o futuro. Eu a observava lendo cartas de baralho para os amigos e pensava que ela era muito inteligente. A avó e a bisavó dela também eram médiuns. Mas, comigo, o negócio estava fluindo como as Cataratas do Niágara, e eu não tinha como controlar. Então ela fez o que eu acho que qualquer boa mãe teria feito: ela explorou incontáveis assuntos no campo da espiritualidade até ter pelo menos algumas respostas para as minhas perguntas. Tenho que agradecer a ela por apoiar os meus dons singulares, porque tenho certeza de que isso me transformou na pessoa que sou hoje. Por causa disso, a carreira dela disparou como um foguete, e agora ela é uma clarividente e autora conhecida em todo o país.

Ela ficou chocada quando, aos 23 anos, comecei a fazer feitiços para obter as coisas que eu queria. Ela, como muitas outras pessoas, sempre considerou a bruxaria um tipo de arte prejudicial e começou a brigar comigo por brincar com essas coisas. Quando expliquei que a Wicca era só uma palavra para tudo em que já acreditávamos, ela parou e me ouviu. Assim como os cristãos acendem velas e rezam para os anjos, eu também acendia velas e rezava para os anjos. A única diferença era que eu tinha uma varinha no bolso, poções e ervas no altar e uma vassoura apoiada na lareira! Eu não estava fazendo nada de errado. Eu não estava lançando feitiços para machucar ou atrapalhar outro ser humano, nem estava prestes a atacar alguém que me irritasse. Eu só estava sendo a bruxa que sempre estive destinada a ser.

Então, um dia, no inverno de 2003, eu tive uma visão. Eu ia escrever livros e dar cursos para reforçar a mensagem de que a bruxaria é uma força positiva. Afinal, estamos no século XXI. Por que tantos ainda acreditam que a bruxaria é maligna e profana? Foi como se alguém no mundo espiritual tivesse me dado um tapinha no ombro e gritado no meu ouvido, porque de repente eu tive uma vontade intensa de escrever. Agora sou meio que uma colunista de conselhos sobre bruxaria que melhora tudo com o "plim" de uma varinha, oferecendo feitiços e poções para quem está com problemas.

Assim como todas as outras pessoas que estão caminhando neste planeta, estou em uma jornada. Shawn está em sua própria jornada e, de alguma forma, nossos caminhos se cruzaram e nos aventuramos a escrever este livro juntas. Foi uma experiência maravilhosa descobrir como outra bruxa, a quase 6 mil quilômetros de distância, pratica seu ofício. A maioria dos nossos ensinamentos é semelhante e, claro, alguns são diferentes, mas uma coisa importante que temos em comum é que também compartilhamos o desejo de lutar pelo bem maior — e nos divertimos muito nesse caminho!

USANDO A MAGIA PRÁTICA NA VIDA COTIDIANA

PREFÁCIO + LEANNA

É eletrizante considerar como o poder do pensamento positivo e de acreditar no seu eu interior pode tornar quase tudo possível. Pode mesmo, e para aqueles que quiserem acessar esse poder, este livro vai oferecer informações sobre todos os aspectos da bruxaria moderna e ensinar a fazer feitiços positivos para obter resultados melhores.

Nos capítulos a seguir, veremos como os praticantes de bruxaria conduzem seus negócios mágicos nos dias de hoje, além de apresentar alguns métodos tradicionais para comparação. A bruxaria hoje é um pouco diferente dos ensinamentos antigos; assim como muitas outras coisas, ela mudou com o tempo. Hoje em dia, temos acesso a ingredientes para feitiços o ano todo, enquanto o povo pagão nos séculos anteriores só tinha os itens sazonais para trabalhar. Podemos entrar na internet e comprar ervas e poções dos quatro cantos do mundo. Além disso, a internet expandiu nosso conhecimento e nos ajudou a aprender sobre outras culturas e sistemas de crenças. Com esse enorme caldeirão de opções, os praticantes hoje são mais informados do que nossos ancestrais pagãos. Atualizamos nossos métodos e trouxemos a bruxaria para o século XXI.

Embora existam wiccanos modernos que ainda adoram os deuses e deusas tradicionais, muitas pessoas — incluindo Shawn e eu — preferem um ramo mais novo da bruxaria, a "Wicca Angelical", baseada na energia dos anjos. As pessoas que seguem a essência da Wicca Angelical respeitam a terra e todos os seres vivos. Elas costumam ter um fascínio por cultivar e cuidar de plantas, então você costuma encontrá-los sempre remexendo na terra.

Entre os wiccanos modernos, há também um interesse cada vez maior por práticas holísticas, como reiki, aromaterapia e reflexologia, e as bruxas de hoje costumam se deliciar lendo cartas de tarô ou estudando tópicos como quiromancia ou astrologia. Como a maioria dos wiccanos tem uma fé profundamente arraigada no poder do universo e no Divino Criador, eles são profundamente interessados no sobrenatural e no esotérico e curtem os mistérios do inexplicável, desde runas até OVNIs e telepatia.

Ah, e aqui cabe uma observação útil para você que está lendo este livro: qualquer pessoa, de qualquer gênero, pode se tornar praticante da bruxaria. Ao longo do livro utilizaremos o termo *bruxa*, no feminino, por questões de padronização textual.

A HISTÓRIA

É um fato triste, mas, apesar de tudo, um fato, que ao longo de muitos séculos a magia teve conotações obscuras ou perturbadoras. Só agora a sociedade está começando a ver que a Wicca pode ser como qualquer outra religião. Podemos agradecer a livros, programas de TV e filmes como *Charmed*, *Merlin* e a série *Harry Potter* pelo interesse positivo de hoje em tudo que é ligado à magia. Historicamente, porém, na maioria dos casos, a bruxaria nunca foi uma prática sinistra; era só o jeito de alguns povos antigos utilizarem com respeito os ingredientes da vida, fornecidos pela Fonte Divina, para cura e proteção física e espiritual. Vamos voltar alguns milhares de anos até os dias do sr. Pagão e da sra. Pagã. Primeiro, como não existiam mercearias, o sr. Pagão se aventurava com uma lança na mão e matava um veado ou um coelho para levar para casa para o almoço, ou a sra. Pagã saía para colher morangos e outras frutas nas árvores e arbustos próximos. Comparados a nós hoje, nossos ancestrais usavam muito mais seus instintos naturais, um talento com o qual quase sempre perdemos contato em um mundo de alta tecnologia. Como forma de agradecer aos deuses por uma boa safra, pelo bom tempo e por uma refeição farta, sr. Pagão e sra. Pagã costumavam sacrificar um ou dois de seus animais como forma de honrar os deuses.

Se o sr. Pagão tivesse uma dor de cabeça latejante depois de caçar o dia todo, febre ou alguma doença ainda pior, ele não podia parar na farmácia para comprar uma caixa de aspirinas. Em vez disso, os homens ou mulheres da aldeia (geralmente as mulheres) vasculhavam as sebes em busca de ervas e plantas que acreditavam poder curar o problema. Ao longo das gerações, os coletores de ervas aprenderam muito sobre as propriedades da flora local, e seus remédios e misturas foram passados de pais para filhos, abrindo caminho para muitos dos antibióticos e analgésicos que usamos hoje. Aqueles que tinham conhecimento sobre as propriedades curativas das plantas e flores muitas vezes eram considerados "curandeiros" e "mulheres sábias" e respeitados como médicos e parteiras do seu tempo.

Como os pagãos eram pessoas simples, eles interpretavam automaticamente fenômenos como estrelas cadentes ou tempestades estranhas como sinais dos deuses. Talvez fossem sinais — há muitos hoje que acreditam que desastres naturais e ocorrências bizarras são arautos do que está por vir. Podemos ter perdido a conexão com a nossa sabedoria instintiva ao longo dos séculos, mas a maioria das pessoas ainda tem a tendência de ser supersticiosa em algum grau.

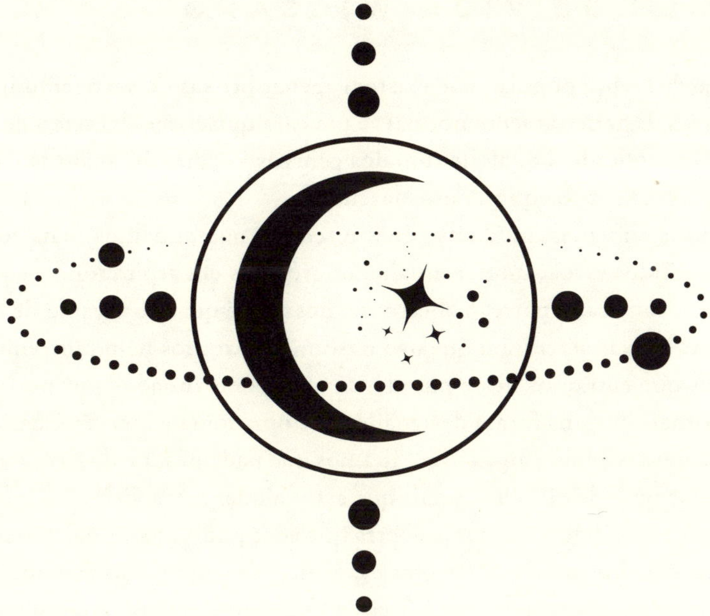

"O DIABO ESTÁ NOS DETALHES"

Do século XIV ao século XVIII, por razões complexas que os acadêmicos ainda estudam, ondas de paranoia, histeria e suspeita desencadearam a caça às bruxas em todo o mundo ocidental, onde os acusados de bruxaria e de negociar com o Diabo eram julgados em tribunais eclesiásticos e seculares. Estima-se que 60 mil pessoas — a maioria mulheres — foram executadas. Infelizmente, as bruxas ainda não conseguiram se livrar da imagem negativa que as seguiu durante séculos; ainda hoje, a bruxaria costuma ser associada ao diabo com chifres e a coisas malignas. Isso me deixa endiabrada (sem trocadilhos!) porque não poderia estar, dentro da Wicca, mais longe da verdade. Fica cansativo ter que explicar a indivíduos mal-informados que, só porque gostamos de nos chamar de bruxas, não significa que somos adoradoras do diabo ou satanistas.

As bruxas acreditam que ganhamos nossa vida para melhorar a alma e cultivar a sabedoria. Agumas pessoas e religiões culpam uma entidade maligna como o diabo pela negatividade que a humanidade cria. Mas as bruxas wiccanas não acreditam no diabo, porque o diabo não existe aos nossos olhos. Existem pessoas desprezíveis no mundo? Claro. Mas uma boa coisa a se lembrar é que no DNA de cada pessoa há uma centelha do Criador, e com esse Poder Divino podemos prosseguir para melhorar as nossas imperfeições.

O ESTILO DE VIDA WICCANO

Ao contrário da crença popular, não existem apenas bruxas do sexo feminino; também existem bruxos. É perfeitamente normal se um cara quiser ser chamado de bruxo — o termo pode ser aplicado a qualquer um dos gêneros —, mas, na maioria das vezes, ele usará o termo *feiticeiro*, o equivalente masculino.

Nós, bruxas wiccanas, mudamos com o tempo: não andamos mais com chapéus pontudos e vestidos esvoaçantes, e atualmente voamos em aspiradores de pó e não em vassouras. Brincadeiras à parte, o alicerce da nossa fé é quase o mesmo de centenas de anos atrás. As bruxas acreditam que não nascemos sozinhos nem morremos sozinhos e que, depois que entramos neste mundo, somos acompanhados por um ou dois ajudantes espirituais que nos foram designados por uma fonte superior. Chamamos esses ajudantes de nossos guias e anjos. Acreditamos que nada nesta vida é coincidência, por isso estamos sempre de olho nos sinais que esses ajudantes enviam.

A Wicca é uma religião de mente aberta que você pode ajustar para atender às suas necessidades. Não há um livro de regras específico a seguir, então não importa se você deseja uma prática suave e fazer um feitiço estranho aqui e ali ou mergulhar de cabeça. Gosto de descrever a Wicca como um estilo de vida em vez de uma religião, então, se partes dela não soarem verdadeiras para a sua alma, você pode eliminá-las e encontrar abordagens com as quais se sinta mais à vontade. Com a Wicca Angelical, não há um caminho certo ou errado, contanto que você tenha em mente que as bruxas wiccanas trabalham pelo bem da humanidade e nunca planejam prejudicar os outros. Quando tiver aprendido o que precisa saber, pode aspirar obter mais controle sobre as questões cotidianas que surgem na sua vida e também continuar a descobrir a importância da sua força vital e o significado da sua fé.

É por isso que a Wicca parece verdadeira para mim. Porque, no fim das contas, é uma religião descomplicada. As bruxas saúdam e cultuam as coisas simples da vida. A maioria das coisas em que acreditamos é tangível, e não envolta em mitos, lendas ou contos de fadas. Para mim, é fácil entender a importância da lua, porque ela está bem ali, no céu, e tem um efeito poderoso sobre os ritmos da Terra. Os wiccanos reconhecem e apreciam o significado do nosso planeta da mesma maneira. Quando você dá uma boa olhada na natureza, é notável como a maioria das coisas está em perfeito equilíbrio. Da próxima vez que você se sentar em silêncio no jardim ou curtir uma caminhada tranquila no campo, pare por um segundo e aprecie a maravilha de tudo. Você vai notar os pássaros cantando, as formigas trabalhando em equipe e, nas manhãs geladas, as delicadas teias de aranha penduradas como renda nas sebes. Acreditamos que tudo tem um espírito, que tudo tem uma alma e que a maioria das coisas acontece por um motivo.

COVENS

Às vezes, praticar a Wicca pode ser uma atividade solitária, porque pode não haver muitas pessoas com ideias semelhantes no seu círculo de amigos. É por isso que algumas bruxas gostam de se juntar a um coven: um grupo de seguidores wiccanos que compartilham seus feitiços e rituais e se reúnem uma vez por mês para realizar a magia em conjunto, usando a energia coletiva para dar mais poder aos feitiços. A palavra *coven* muitas vezes traz à mente uma cena de umas treze mulheres feias e cheias de verrugas dançando nuas ao redor de uma fogueira. Na verdade, as reuniões de hoje consistem em algumas bruxas (um mínimo de três) saindo, geralmente na lua cheia, bebendo uma ou duas taças de alguma coisa agradável e conversando como amigas sobre várias coisas, incluindo suas experiências recentes com o preparo de feitiços e outros assuntos mágicos. Elas vão estar vestidas com calças jeans e camisetas, e não com os longos vestidos pretos esvoaçantes que os contos de fadas retratam.

Hoje, existem covens on-line com comunidades e fóruns para que bruxas de todo o mundo possam se reunir e se comunicar livremente. Alguns desses sites têm até trezentas bruxas registradas como membros. Isso é incrível, porque não apenas nos permite coordenar nosso preparo e estudo de feitiços para que todas possamos fazer ao mesmo tempo, mas também nos permite aprender sobre as diferentes culturas wiccanas ao redor do mundo. Os covens on-line também costumam ser mais práticos, porque os encontros locais tendem a se esconder por medo de serem ridicularizados em público. Nossa esperança é que, em um futuro próximo, isso seja desnecessário, pois as pessoas aceitarão cada vez mais a bruxaria como religião, não como tantos livros de história retratam de maneira negativa.

Ao longo deste livro, você vai entender melhor as nossas práticas e princípios e, enquanto lê, pode ser que identifique algumas das nossas crenças com as suas. A Wicca não é uma religião prescrita, é só um modo de vida. Talvez você até já esteja vivendo como bruxa sem nem perceber!

UM NOVO DESPERTAR

APRESENTAÇÃO

Maior religião neopagã que existe atualmente no mundo, a Wicca foi criada pelo escritor e ocultista inglês Gerald Gardner, mas hoje conseguimos acessar muitas outras práticas e caminhos dentro dessa mesma força, que chamamos de vertentes. Isso significa que a Wicca ganhou muitas variações com o passar do tempo, um movimento que tem tudo para continuar crescendo e se difundindo cada vez mais, como é a tendência natural da vida.

Existem vertentes da Wicca que são bem fechadas e regradas, já outras são mais abertas e permitem um envolvimento maior da intuição e do coração. Em *Wiccapédia: O Guia da Bruxaria Moderna*, escrito por Shawn Robbins e Leanna Greenaway, vamos aprender sobre a base de uma vertente da Wicca, muito comum na Inglaterra, que trabalha com a força dos anjos. O que é muito interessante, pois quando falamos de anjos, automaticamente já fazemos uma associação com o anjo cristão.

Admito que, em um primeiro momento, tive certa resistência. Mas como sou uma bruxa eclética, sempre aberta para o novo, li o livro sem parar e me vi superenvolvida com tudo que as autoras retratam. E o que encontrei foi uma variação muito interessante da Wicca, que te deixa livre para ser quem você e praticar o que você acredita.

Nessa vertente chamada Wicca Angelical, você pode continuar acreditando em deuses e deusas, mas também contar com a ajuda de anjos e guardiões. Você pode acreditar nos anjos e guardiões, ou apenas seguir seu coração e adaptar os rituais e práticas do livro da maneira que achar mais adequada. E isso é lindo, pois te deixa livre.

Mas como uma bruxa vai cultuar ou se conectar com um anjo que vem de uma religião que tanto nos fez mal no passado? Os anjos cultuados e acessados pelas autoras, com base no culto que elas seguem, não são os anjos cristãos. A Wicca Angelical trabalha com a força de almas que reencarnaram muitas vezes e, com isso, alcançaram um estado de espiritualidade e evolução muito superior, de modo que se aproximam de nós para nos auxiliar e nos guiar em nossa caminhada. É claro que existem pessoas que se conectam com essa energia de maneiras diferentes, mas todas são livres.

O que quero dizer é que tais seres não são como os anjos de outras religiões. Portanto, podem aparecer através de pessoas encarnadas, de animais, espíritos ou seres divinos andróginos. A experiência é muito subjetiva, mas não é vinculada à nenhuma outra crença, e sim à bruxaria, tanto que uma das maneiras de se conectar ou manter contato com esses anjos é feita através do tabuleiro Ouija, muito usado nessa vertente, e que é outro alvo de preconceitos, ainda que sejam superpoderosos e positivos. É isso mesmo: aqui, o tabuleiro Ouija é levado a sério e traz grande força positiva. Mais um ponto lindo para a lista de desmistificação dessas autoras: o tabuleiro Ouija como canal de conexão com os anjos, da mesma forma que usamos um espelho mágico para contatar nossos ancestrais, por exemplo.

E para acessar essa energia não são necessárias orações ou grandes regras. Na verdade, só precisamos de um pouquinho de intuição para nos conectarmos com essas forças. Existem altares, ritualísticas, mas tudo é sempre muito leve e intuitivo. As autoras acreditam muito no poder que existe dentro de cada um.

Acredita-se que esses anjos podem intervir ou interferir nas nossas vidas e nas situações que vivenciamos. Sabe aquelas coincidências que acabam acontecendo? Ou aquela pessoa que chega e te salva, literalmente ou não, e nunca mais você a encontra novamente? Um animal que adota você, te protege e transforma sua vida? Sim, todos podem ser anjos. Cada anjo tem uma especialidade, e a lista é bem grande, então tem anjo para te ajudar em tudo.

Meu conselho é: esteja aberta, não faça pré-julgamentos, ouça sua intuição, siga o que seu coração mandar. Aliás, esse é um dos grandes conselhos das autoras: "Sejam livres". Para que você consiga compreender melhor sua intuição, é necessário escutar seu corpo, sua mente e seu coração. A partir do momento em que você conseguir encarar seus medos e inseguranças, tudo ficará resolvido, e nada vai interferir no entendimento que vem à sua cabeça. Nunca deixe de abrir espaço para a reflexão, pois isso vai te manter com os pés no chão. Acredite, busque, esteja aberta para tudo, derrote a crítica que vive dentro de você. Pense por si mesma e apenas tire conclusões das situações e vivências que você passar, e não pelas vivências e opiniões de outras pessoas. Sua opinião deve ser completamente baseada em você e na sua vida. Isso vai te ajudar a entender sua intuição e também vai te colocar no caminho certo para se tornar uma bruxa cada vez mais poderosa.

A bruxaria, seja ela dentro de uma vertente ou não, é a força da liberdade combinada com a força da natureza. Ser bruxa é acreditar que tudo é mágico e que a magia está em todos os lugares, principalmente dentro de você mesma. É usar a magia e nossa conexão para melhorar nosso mundo e o mundo de outras pessoas. É não ter medo de ser quem se é.

Como a autora Shawn Robbins diz em seu relato: "A Wicca pode transformar suas fraquezas em pontos fortes. A Wicca pode ajudá-la a viver a vida ao máximo". *Wiccapédia* mostra como você pode dar o melhor de si e compreender mais profundamente sua intuição psíquica e suas potencialidades adormecidas. Como o poder do pensamento positivo, o poder de acreditar em sua força interior pode te levar a lugares inimagináveis e tornar quase tudo possível.

Este é o livro da bruxaria moderna, que ensina fazer feitiços positivos para obter resultados melhores. O livro que quebra paradigmas e desmistifica tabus. O livro que vai te tirar "do armário das vassouras e te trazer para o mundo". Está pronta para alçar um novo voo?

Com amor e magia,
Dani Petrucci

Dani Petrucci é sacerdotisa, taróloga e runóloga. Nasceu em uma família de bruxas cujos saberes encantados a ensinaram quase tudo sobre o ofício mágico. É fundadora da Escola Magia de Bruxa, onde ensina sobre autoconhecimento, a honrar nossos ancestrais e a conexão com nossa verdadeira essência.

KIT DE FERRAMENTAS DE UMA BRUXA

INTRODUÇÃO + LEANNA

Existem alguns apetrechos sem os quais as bruxas não conseguem viver, e outros que elas gostariam de ter. Algumas pessoas podem querer seguir a tradição e reunir várias ferramentas antigas para tornar o seu "kit de ferramentas" o mais autêntico possível. No entanto, isso nem sempre é necessário. Seus feitiços e rituais vão funcionar do mesmo jeito, ainda que você use só o básico. As bruxas modernas, como a Shawn, tendem a deixar de lado boa parte do aparato antigo e incorporar alguns dispositivos modernos nos feitiços, enquanto eu gosto da ideia de criar uma atmosfera atemporal com os meus feitiços, por isso uso ferramentas vintage, se conseguir tê-las à mão. Qualquer que seja o conjunto escolhido, é importante que você se sinta à vontade com as ferramentas.

As ferramentas necessárias variam de feitiço para feitiço. Existem alguns rituais que não exigem nenhum instrumento, mas, para a maioria, geralmente temos uma seleção de velas e ervas por perto, bem como ferramentas como o pentagrama (para representar os cinco elementos), cristais (para energizar o espaço) e sal (para santificar o local).

Muitas pessoas são desencorajadas a fazer certos feitiços porque os ingredientes ou ferramentas são difíceis de conseguir, mas você pode ser flexível e improvisar. No entanto, existem alguns itens de que você vai precisar com certeza.

FERRAMENTAS ESSENCIAIS

O ALTAR

Recomendamos que você tenha uma base para trabalhar, o altar. Você deve criar seu próprio altar e personalizá-lo ao seu gosto com todos os amuletos e objetos com os quais se identifica.

Algumas casas não têm espaço para um altar completo, que pode ser qualquer coisa, desde uma grande mesa de centro a uma mesa de jantar. Se o espaço for um problema, você pode usar uma prateleira, mesa, mesinha de centro ou a cornija da lareira, se tiver uma em casa. Algumas bruxas nascidas sob um signo de fogo ou terra preferem fazer seus feitiços diretamente sobre a madeira natural, enquanto outras gostam de cobrir seus altares com um tecido que pode ser comprado por um preço baixo em lojas de tecidos. Se optar por usar um pano, a melhor cor a ser usada é lilás ou roxo escuro. Nos círculos wiccanos, a cor roxa é considerada a mais positiva para atrair a realização espiritual. Ela também é associada ao equilíbrio e à cura dos chacras e vai criar o clima perfeito para a sua magia.

Se você já "saiu do armário" como bruxa para seus amigos e familiares, pode deixar seu altar montado em uma área de circulação geral o tempo todo, de modo que, quando precisar realizar um ritual, você possa acessá-lo rapidamente. As bruxas que desejam ser mais discretas podem criar um altar portátil colocando um pano no chão e as ferramentas em cima. Esse método também é útil se você for viajar e quiser levar seu altar.

Dica da Leanna

Se a posição de um item no altar não estiver especificada na lista a seguir, coloque-o em um local com o qual você fique à vontade. Exceto por alguns itens, a Wicca moderna é bem flexível quanto à disposição das ferramentas no altar.

O PENTAGRAMA

Um dos itens mais essenciais que uma bruxa usa ao fazer feitiços é o símbolo de uma estrela de cinco pontas, conhecida como pentagrama; quando circundado, chama-se pentáculo. O pentagrama remonta a mais de 5 mil anos à antiga Mesopotâmia e é um símbolo poderoso e positivo para muitas religiões diferentes ao longo da história, bem como na alquimia. Nos tempos pagãos, o símbolo muitas vezes era usado como amuleto para proteção espiritual e para garantir um retorno seguro e feliz ao lar. As cinco pontas da estrela representam os cinco elementos; o espírito é o ponto mais alto, e os outros pontos, movendo-se no sentido horário, são água, fogo, terra e ar.

Quando virado de cabeça para baixo, o pentáculo assume a forma de um bode, simbolizando o deus com chifres de algumas religiões neopagãs. Em algum ponto da história ocidental — a data real é debatida por acadêmicos —, a estrela de cinco pontas passou a ser erroneamente equiparada a Satanás e à adoração do diabo. Por causa da "má publicidade", tendemos a usar o pentagrama na posição vertical mesmo. Se você analisar, ele lembra a forma de um ser humano: a ponta superior da estrela é a cabeça, as pontas externas representam os braços e as inferiores correspondem às pernas. Muitas bruxas usam colares e brincos de pentagrama como forma de proteção ou para serem reconhecidas por outras bruxas.

Ao fazer feitiços, é sempre melhor ter esse símbolo em você ou em algum lugar do altar. Você pode desenhar um pentagrama simples ou, se tiver uma alma artística, criar uma peça mais ornamentada com vidro pintado ou alguma coisa parecida. Ao montar seu altar, coloque o pentáculo diretamente no centro e organize os outros itens ao redor. O tamanho da estrela de cinco pontas não importa nem um pouco. Você pode ter uma versão no tamanho de um prato grande ou apenas um brinco.

Qualquer que seja o pentagrama que você decidir usar, primeiro é necessário "energizá-lo". Este é um procedimento simples que vai limpar e abençoar o pentagrama e impregná-lo de energia mágica. A melhor maneira de fazer isso é deixar o pentagrama ao ar livre durante a noite, no jardim, no alpendre ou no parapeito da janela durante a lua cheia; essa abordagem energiza o pentagrama de um jeito natural. Você também pode energizar outras ferramentas dessa forma, como cristais e talismãs, para lhes dar mais potência. Depois que o pentagrama for energizado e colocado no centro do altar, ele vai afastar a negatividade e atuar como sua fonte de proteção.

VELAS

As velas representam os elementos fogo e ar. A maioria dos feitiços inclui uma vela ou duas, ou até mais, então sempre tenha à mão um conjunto de cores diferentes. Por tradição, você começa com uma vela branca principal no altar para neutralizar as energias. Em geral, ela fica centrada na parte de trás do altar. Não há necessidade de inscrever nada e nem de ungir essa vela, mas você pode abençoá-la com água. Para isso, mergulhe os dedos em um pouco de água mineral e passe-os sobre a vela enquanto diz: "Esta vela agora está limpa e abençoada". Seque a vela com papel-toalha. Para obter mais informações sobre como inscrever e ungir velas, cores de velas e feitiços com velas, consulte o capítulo 5.

INCENSOS

Queimar incenso durante um feitiço é muito importante. Suas propriedades mágicas ajudam a criar a atmosfera perfeita e aumentam a potência de qualquer feitiço. No entanto, existem tantas variedades para escolher que pode ser difícil decidir quais usar. Tenho sete tipos no meu kit de ferramentas que funcionam em quase todas as situações. Se você tiver dificuldades para encontrar o certo para o seu feitiço, queime sálvia para limpar e purificar o espaço de trabalho.

A seguir listamos mais associações mágicas.

MANJERICÃO: Essência aromática usada para atrair riqueza e prosperidade e em rituais de fertilidade.

EUCALIPTO: Centra e equilibra as emoções. Excelente para ajudar a tomar decisões.

OLÍBANO: Um antisséptico espiritual maravilhoso. Queime-o se alguém da família estiver com um resfriado forte ou use em geral com qualquer feitiço de saúde. Se estiver tentando evitar tosses e resfriados, pode ser bom queimá-lo em um cômodo diferente de onde o paciente estiver, para evitar irritação com a fumaça.

ÓPIO: Induz o sono e revigora seus sentidos psíquicos. Se tiver insônia, acenda um incenso cerca de uma hora antes de dormir e você dormirá como um bebê.

SÁLVIA: Usada como um bastão para defumar ou queimada na forma de incenso, ela limpa seu espaço durante a preparação para um feitiço. Sua magia dispersa automaticamente toda energia negativa, deixando o espaço sem nenhuma vibração ruim.

SÂNDALO: Fragrância quente, suave e amadeirada para relaxar e aliviar angústias.

ILANGUE-ILANGUE: Perfume doce e inebriante que intensifica feitiços de amor. Use para atrair novos amores, harmonizar casamentos e ajudar nos problemas de impotência.

TERRA E ÁGUA

Essas substâncias simbolizam os elementos naturais da terra e da água e promovem o equilíbrio e a harmonia do seu espaço de trabalho. Uma pequena tigela, tacinha ou suporte para ovos cozidos com terra de jardim deve ficar de um lado do pentagrama, e a água — em um recipiente semelhante — deve ficar do outro lado (veja o item "Cálice").

SAL

O sal é uma fonte fantástica de proteção e é usado em muitos feitiços para banir qualquer coisa maligna. Salpique um pouco de sal marinho sobre o tecido do altar ou coloque um pouco sobre o altar em uma tigelinha.

FERRAMENTAS OPCIONAIS

CÁLICE

O cálice simboliza a fertilidade; no passado, a parte que contém o líquido representava o útero da Deusa. A base do recipiente significava o mundo como o conhecemos, e a haste sugeria a relação humana com os espíritos. Tenho um cálice no meu altar com água mágica, mas, sempre que lanço feitiços para ajudar alguém a engravidar, eu tiro a água e encho com folhas frescas de manjericão.

CALDEIRÃO

Este recipiente mágico provavelmente é o símbolo mais reconhecível da bruxaria depois da vassoura. Hoje, o caldeirão pode ser usado como recipiente para fazer infusões e poções (embora um micro-ondas possa ser usado para muitos desses feitiços; consulte o capítulo 6), Para feitiços que envolvem a queima de ervas, o caldeirão, normalmente feito de cobre ou ferro fundido, ainda é um objeto útil. Muitas bruxas gostam de ter caldeirões à mostra em casa e também os usam para armazenar ervas. Era difícil comprar caldeirões, mas agora é possível encontrá-los on-line. Passei muitos anos colecionando caldeirões e tenho uma grande seleção. Quando me mudei para minha fazenda, há uns sete anos, peguei meu fiel detector de metais e descobri um velho caldeirão de ferro fundido enterrado no solo. Talvez eu não seja a única bruxa que morou aqui!

SINO

Usado principalmente em feitiços de banimento, um sino pode ser tocado para indicar que um feitiço está para começar ou tilintado várias vezes pela casa para se livrar de vibrações indesejadas. Sempre ando pela casa tocando meu sino quando as crianças brigam ou alguém está chateado. Parece bizarro, mas isso realmente acalma a atmosfera ruim e deixa o lugar calmo outra vez.

ATHAME

Um athame ou punhal é uma faca cerimonial, normalmente com cabo preto e lâmina de dois gumes; é uma ferramenta antiga que você não vê nos altares de muitas bruxas hoje. Algumas bruxas fazem inscrições nas velas com o athame ou o usam para criar um círculo mágico ao redor do altar antes de iniciar um feitiço. Para criar um círculo mágico, segure o punhal com a mão direita e desenhe um círculo no sentido horário sobre o altar, alguns centímetros acima dos itens que estão ali. Um athame funciona conduzindo o seu poder por meio dele e só deve ser usado para propósitos mágicos — não para estripar peixes nem descascar batatas! Assim como os caldeirões, é fácil achar athames para comprar on-line.

VARINHA

Uma bruxa não seria uma bruxa sem uma varinha, e preciso dizer que adoro a minha. Por tradição, as varinhas costumam ser feitas de madeira de salgueiro, sabugueiro, macieira ou cerejeira.

Hoje é fácil comprar uma varinha on-line ou em uma loja especializada, mas a verdadeira magia de uma varinha é canalizada para ela por quem a cria, então, se possível, tente fazer a sua. Se decidir ser criativa e fazer uma varinha, você pode criá-la com qualquer galho de árvore com o qual tenha afinidade e sempre deve agradecer à árvore por compartilhar a madeira com você.

As varinhas têm vários formatos e tamanhos; a largura não é muito importante, mas o comprimento da varinha deve ter a medida do cotovelo até a ponta do dedo indicador. Você pode esculpir desenhos na madeira ou lixá-la antes de envernizá-la e carregá-la da mesma forma que faz com um pentagrama. Faça uma varinha ornamentada ou rústica, do jeito que quiser. Decorei a minha com cuidado usando tinta dourada e colei um grande cristal de quartzo na ponta.

Para fazer feitiços, a varinha é usada como uma ferramenta de invocação e também para abençoar e energizar objetos.

Antes de começar um ritual, você pode tocar em cada objeto do altar com a ponta da varinha para transferir a energia terrena natural da varinha para os itens e adicionar um pouco mais de magia. Algumas bruxas gostam de "atrair a lua" antes de fazer um feitiço. É uma tradição muito antiga que envolve ficar ao ar livre na fase da lua cheia e apontar a varinha para ela. Dizem que o poder da lua energiza a varinha, tornando sua magia mais poderosa.

VASSOURA

Nos círculos de bruxas, a vassoura de base redonda, ou simplesmente vassoura, é um símbolo de fertilidade, muito usado por bruxas em rituais de fertilidade e para varrer a negatividade. A parte de baixo, das cerdas, corresponde à genitália feminina, e o bastão é associado ao falo masculino — portanto, é um símbolo combinado do masculino e do feminino.

Era comum uma vassoura ser colocada perto da lareira da casa de uma bruxa para impedir que a energia maligna entrasse pela chaminé. Algumas bruxas modernas ainda seguem essa prática, mas muitas exibem a vassoura como uma decoração de casa wiccana e a embelezam com flores bonitas e ervas secas. É claro que as vassouras sempre foram e ainda são muito populares em *handfastings* (casamentos wiccanos; veja o capítulo 11), onde os casais pulam sobre a vassoura para demonstrar sua união no fim da cerimônia.

CRISTAIS E PEDRAS PRECIOSAS

Os cristais têm uma magia pura e natural. Sempre tenho pelo menos três no meu altar. O capítulo 8 tem mais informações sobre cristais, e você vai descobrir quais combinam melhor com o seu feitiço.

PENAS

Como a maioria dos nossos feitiços invoca a energia angelical, colocar uma seleção de penas no altar vai atrair a visita dos nossos anjos. Você pode coordenar a cor das penas com as velas que está usando em um ritual específico ou usar a branca para representar pureza e paz.

O LIVRO DAS SOMBRAS

Um Livro das Sombras é uma espécie de diário que as bruxas usam para anotar e registrar seus feitiços. Você pode usar qualquer tipo de caderno para o seu Livro das Sombras, mas, por ser uma preciosidade, muitas bruxas preferem usar um belo caderno com capa de couro ou alguma coisa um pouco mais sofisticada. Quando fizer um feitiço, anote no livro todos os detalhes do ritual, como a data, os ingredientes usados e a fase da lua. Deixe um espaço embaixo para registrar os resultados. Muitos feitiços antigos foram transmitidos ao longo dos séculos dessa maneira e, na minha última contagem, acho que eu tinha dezessete desses cadernos. Dá para dizer que eu tenho uma biblioteca de feitiços! Se preferir gravar seus feitiços no computador, você pode criar uma pasta na área de trabalho para o Livro das Sombras, mas lembre-se de fazer backup, porque os computadores têm o hábito de travar e, uma vez perdidas, suas descobertas desaparecerão para sempre!

ESPÍRITO

O MUNDO ESPIRITUAL

PARTE 1

WICCAPÉDIA

CAPÍTULO 1

AS BRUXAS NUNCA MORREM, APENAS SE REINVENTAM

LEANNA GREENAWAY

Qual é o sentido da vida e por que estamos aqui? Existe vida após a morte? Recebo muito essas perguntas, ainda mais vindas de bruxas adolescentes que têm curiosidade para saber o propósito da vida e da morte. Costumo responder dizendo que a crença na vida após a morte é algo pessoal, então você precisa explorar o máximo de opções e ouvir a sua alma para descobrir a verdade por si.

A maioria das bruxas wiccanas do mundo acredita na reencarnação e na vida após a morte. O bom senso nos diz que viver cerca de oitenta anos e depois desaparecer para sempre não faria sentido. O que poderíamos aprender com isso? Nada. Por isso a bruxa wiccana moderna tende a pensar da mesma forma que muitas outras religiões e crenças, obtendo consolo em acreditar que o espírito continua vivo depois que morremos.

Imagine que seu corpo é um automóvel e transporta seu espírito para todo lado ao longo de toda a vida. Assim como um automóvel, seu corpo de vez em quando quebra e precisa de conserto. Um pequeno ajuste de vez em quando pode mantê-lo em condições de desempenho máximo e, claro, você precisa colocar a gasolina certa no motor na forma de alimentos saudáveis. Mas, por mais que você seja uma boa cuidadora de si, o corpo que é o seu veículo não dura para sempre. Depois do último passeio, a alma sai no mesmo instante e, depois de descansar um pouco com seus entes queridos em espírito, volta para outro veículo. Este é o ponto crucial da reencarnação: sua alma ganha um novo carro para dirigir pela Terra outra vez, digamos assim.

QUAL É O PROPÓSITO DA REENCARNAÇÃO?

Algumas pessoas não entendem a reencarnação; elas se perguntam por que alguém ia querer continuar voltando sem parar. É um pouco idealista pensar que podemos ter apenas uma vida e depois nos aposentarmos em uma nuvem rosa fofinha pela eternidade! Você pode muito bem chegar ao lugar de descanso definitivo algum dia, mas, antes disso, você tem trabalho a fazer.

Existem três motivos para a reencarnação:

* Para trabalhar na superação das suas falhas;
* Para viver todas as emoções humanas possíveis;
* Para um dia se tornar uma parte do Poder Divino.

Quando uma alma nasce, ela começa uma jornada de desenvolvimento espiritual. A cada encarnação na Terra, aprendemos lições valiosas que nos ajudam na jornada e nos transformam nos indivíduos que somos de verdade. É um pouco como estar na escola. Às vezes, as lições que enfrentamos são indolores e podemos passar por elas com facilidade. Em outras ocasiões, podem ser contundentes e difíceis, nos fazendo encarar desafios árduos.

Pense, por exemplo, em uma pessoa que parece passar por provações e tribulações o tempo todo. Pela perspectiva espiritual, por que isso acontece? Depois de passar por uma lição e aprendê-la corretamente, você não terá que passar por ela outra vez. Esse capítulo da sua vida vai terminar, e você vai migrar para outras lições. Você pode pensar que é injusto passar por situações problemáticas, ainda mais se outras pessoas ao seu redor parecem ter uma vida mais fácil, mas cada lição que enfrentamos nos dá uma força interior que nunca pode ser tirada de nós. Podemos chamar de construção de caráter. Essas lições melhoram nossa sabedoria interior, que é o que todos buscamos, no fim das contas. É assim que as coisas acontecem, vida após vida, até que você aprenda tudo que precisa saber.

Certa vez, conheci um homem muito plácido e, em todos os empregos em que trabalhava, o chefe era severo. Ele ficava muito chateado e mudava de uma empresa para outra na tentativa de evitar essas pessoas difíceis; mas, a cada novo emprego, era amaldiçoado por outro gerente desgastante. Eu disse a ele que talvez sua lição fosse aprender a ser firme e não se magoar o tempo todo. Eu o aconselhei a mudar de abordagem e defender o que ele achava que era certo. Ele aceitou meu conselho e, pouco tempo depois, o supervisor opressor foi demitido do emprego por assediar outros membros da equipe! Desde então, meu amigo ganhou confiança para lidar com pessoas dominadoras e nunca mais teve que enfrentar uma situação assim.

A REENCARNAÇÃO RELAXA A ALMA

Todos nós estamos reencarnando em ritmos diferentes. É por isso que algumas pessoas são maravilhosas de verdade e outras, bem, não são. As pessoas que parecem muito sensíveis e amorosas provavelmente estão muito à frente das pessoas espinhosas e rancorosas no processo de reencarnação.

Quando você encontra pessoas amáveis, gentis e atenciosas, é provável que elas tenham reencarnado muitas vezes. As incontáveis encarnações aumentaram a vibração do espírito, por isso elas automaticamente demonstram paciência e se esforçam para fazer tudo certo na vida. Pessoas que são más, egocêntricas e egoístas provavelmente não reencarnaram tanto. Isso não quer dizer que essas pessoas sejam más; elas apenas não aprenderam todas as lições ainda. Pense nelas como adolescentes malcriados, e nas simpáticas como as avós do processo de reencarnação, independentemente da idade!

LIDANDO COM O LADO SOMBRIO

É seguro dizer que todas as pessoas que caminham neste planeta são imperfeitas — se nenhum de nós tivesse defeitos, não haveria sentido em estarmos aqui —, mas a alma de algumas pessoas é mais sombria do que a de outras. Nosso mundo é o lar de muitas dessas almas jovens e perturbadas. Essas pessoas podem machucar de maneira física ou emocional outras pessoas, intimidar os mais sensíveis ou vulneráveis e provocar o caos. Isso provavelmente acontece porque a alma jovem ainda não desenvolveu a sabedoria ou a empatia que deveria pelos outros e porque escolheu seguir um caminho ruim.

Todos temos uma escolha: seguir por um caminho bom ou por um ruim. Não quero dizer que todos começamos como assassinos e estupradores no início do processo de reencarnação; somos indivíduos com livre-arbítrio. Todos subimos a escada espiritual no nosso ritmo.

Depois de uma vida inteira fazendo o mal, esse tipo de alma é aconselhado do outro lado pelos mais velhos (guias e anjos), que tentam ajudar a alma a ver o erro de suas escolhas ao longo do caminho. Às vezes, o aconselhamento não ajuda, e, assim, a alma, quando reencarna, nasce em uma situação na qual vai aprender a lição em primeira mão; é aqui que a lei do carma entra em ação. E, às vezes, aqueles que falharam em ser corretos e honrados enquanto estavam vivos carregam esses mesmos traços da alma na vida após a morte, mas decidem permanecer em um reino astral sombrio e não reencarnar. Isso significa que os maus espíritos existem de verdade e é importante se proteger deles.

Muitos wiccanos, quer trabalhem de maneira solitária ou em um coven, fazem questão de se unir a outras bruxas para realizar feitiços ritualísticos com velas uma ou duas vezes por ano. Nesse momento, todos se unem e pedem aos anjos, deuses ou guias uma consciência mais elevada para aqueles que são considerados maus. Acreditamos que as orações e os rituais são poderosos e conseguem mudar as energias negativas em torno de pessoas e espíritos malignos, deixando uma energia positiva com eles. Mais além neste livro, vamos aprender sobre esses feitiços e também dar uma olhada em métodos mágicos de proteção. Fique tranquila: você vai descobrir como manter uma distância segura desses espíritos assombrados.

O RETORNO

Se você pisar na cabeça de algumas pessoas na subida, talvez as encontre na descida! É seguro dizer que, qualquer que seja a fraqueza ou deficiência de sua personalidade, sua vida vai expor isso de alguma forma. Até resolver o problema, você vai continuar reencarnando.

Você pode ser agraciada com uma vida de riqueza e poder que lhe permita subir na hierarquia corporativa e se enfeitar com tiaras de diamantes. Só porque você tem as joias da coroa não significa que seja melhor do que os outros; na verdade, você está sendo testada pelo mundo espiritual para ver o que vai fazer com toda a sua boa sorte.

Se não fizer um bom uso da energia desse dinheiro, mas se tornar uma velha avarenta, guardando tudo para si, da próxima vez poderá vir mergulhada em uma vida de pobreza. Ter uma experiência como essa ensina à alma uma lição muito importante: por mais que deseje essas tiaras de diamante, você não tem como comprá-las e, assim, espera-se que você comece a apreciar o que mais importa: os amigos, a família, estar juntos, ser compassivo. Compartilhar os pequenos prazeres pode começar a parecer muito mais significativo.

Sempre admiro celebridades e empresários que doam boa parte de sua fortuna para instituições de caridade, ainda mais quando eles têm uma origem humilde. Não importa quanto dinheiro eles tenham, os pés ainda estão firmes no chão. Essas almas provavelmente foram pobres em algum momento, e agora, com muitas reencarnações nas costas, ficam muito felizes de espalhar sua fortuna. Isso automaticamente lhes dá muitos pontos de carma para o futuro.

PEQUENOS PASSOS EM UMA LONGA JORNADA

Não podemos ter empatia de verdade com os outros até que tenhamos vivido a situação em primeira mão. A teoria da reencarnação nos dá essa oportunidade, mesmo que nem sempre reconheçamos isso. Você já ligou a televisão em um noticiário e ficou chateada com o que viu, seja um desastre local ou uma catástrofe em grande escala? Seu coração apertou e a deixou com um sentimento de angústia o dia todo? Essas emoções podem vir de uma lembrança de vida anterior. Talvez você tenha passado por alguma coisa semelhante e a situação tenha despertado alguma coisa no seu subconsciente.

Muitas vezes, uma pessoa não precisa de uma série de vidas para ajudar outras pessoas que sofreram um destino semelhante. Muitas esposas agredidas criam abrigos para aquelas que estão passando por relacionamentos violentos, crianças abusadas passam a ser assistentes sociais e ex-viciados em drogas se tornam conselheiros de abuso de substâncias psicoativas. Você pode ver lições nisso. Essas pessoas estão usando suas experiências para ajudar outras pessoas a lidarem com questões emocionais semelhantes no espaço de uma vida. Em termos espirituais, isso é muito recomendável e é mais um degrau na escada.

AMIGOS ENVIADOS PARA NOS LEVAR PARA CASA

Uma bruxa acredita firmemente que tudo que fazemos na vida é analisado quando voltamos para *casa* — ou para o mundo espiritual. Todas as boas ações que realizamos e todas as coisas ruins que fazemos e sentimos são avaliadas. No entanto, esse escrutínio não é o Juízo Final para as bruxas. Nossas ações são observadas de perto pelos ajudantes espirituais, porque nosso objetivo principal é melhorar a nós mesmas, e eles querem nos ajudar a ser o melhor possível. Se nos comportarmos de maneira inadequada ou cometermos erros graves na vida, não seremos repreendidas pelos nossos guias espirituais quando voltarmos para casa. Eles sabem que às vezes pulamos fora do bonde espiritual. Eles têm um amor incondicional por nós e são muito pacientes e compreensivos. O trabalho deles é seguir ao nosso lado até acertarmos.

Os guias são almas que, por assim dizer, terminaram suas reencarnações. Eles viveram vidas intermináveis, aprenderam inúmeras lições e "se formaram". Devo enfatizar, porém, que os guias não são perfeitos. Eles ainda têm uma falha ocasional aqui e ali e trabalham conosco para elevar ainda mais a própria vibração (uma espécie de caridade no nível espiritual). Ao contrário da crença de que nascemos sozinhos e morremos sozinhos, não se espera que reencarnemos sozinhos. Cada um de nós tem pelo menos um guia que atua como nosso acompanhante e mentor e costuma falar com o nosso subconsciente quando estamos dormindo. Você já se deitou à noite com muita raiva de alguém e acordou na manhã seguinte sem esses sentimentos? Seu guia pode ter ido até você durante o sono e ajudado a resolver seus problemas com a outra pessoa. Os guias também podem vir até nós quando meditamos ou agir como nossas musas quando precisamos de inspiração. Eles nos ajudam em tempos de crise e são inestimáveis para o nosso desenvolvimento espiritual.

Quando eu tinha dez anos, vi meu guia. Durante toda a infância, sofri com infecções de ouvido, e essa era uma daquelas épocas difíceis. À noite, sonhei que um jovem louro se sentou na minha cama e colocou as mãos nos meus ouvidos. Perguntei qual era o seu nome, e ele respondeu: "Erik". Perguntei o que estava fazendo, e ele disse que ia me curar. No sonho, eu sabia que estava segura e protegida; me senti como se tivesse tocado as mãos de um velho amigo. Na manhã seguinte, a infecção do ouvido tinha desaparecido por completo, a ponto de poder interromper o medicamento que estava tomando. Era como se eu nunca tivesse tido uma infecção!

Ao longo dos anos, vi Erik muitas vezes nos sonhos, especialmente quando uma coisa significativa aconteceria comigo. Hoje em dia, porém, ele tem mais ou menos a minha idade, então, de certa forma, acho que ele cresceu comigo. Desde então, aprendi que os guias infantis geralmente assumem a aparência física de uma criança para fazer com que seus tutelados fiquem mais à vontade. Isso poderia dar um significado totalmente novo ao termo "amigos imaginários", não acha?

APRENDA BEM AS SUAS LIÇÕES

Embora a vida seja uma série de testes, você não recebe um boletim escolar quando morre. Suas reações às situações são observadas bem de perto no mundo espiritual, mas você não vai ser punido se escorregar algumas vezes. As bruxas wiccanas sabem que, antes de pararmos de reencarnar, precisamos vivenciar todas as emoções humanas, por isso é seguro dizer que, no momento em que alcançamos o estado de perfeição, cada pessoa pode ter vivido mil vezes!

De agora em diante, tente fazer pelo menos uma coisa boa para outra pessoa todos os dias. Sorria para o carteiro, veja se aquele vizinho idoso precisa de ajuda ou tire alguns minutos do seu dia agitado para perguntar como alguém está. Quando você adquirir o hábito de ser agradável com os outros, isso vai se tornar automático, e sua vibração vai estar repleta de energia positiva.

Dica da Shawn

Seja gentil com os outros. Ajude quando e onde puder. Não julgue. Seja grato pelo que você tem. E procure alcançar o nível mais alto de reencarnação. Às vezes pode ser atribulada, mas será uma bela viagem!

WICCAPÉDIA

CAPÍTULO 2

ANJOS: SERES ALADOS, GUARDIÕES CELESTES

LEANNA GREENAWAY

A anjomania está se espalhando pelo mundo, e os anjos estão se tornando cada vez mais populares a cada ano que passa. Esses belos seres sempre tiveram um lugar na Arte, mas costumavam desempenhar um papel secundário em relação aos deuses e deusas wiccanos mais tradicionais. Em um caminho meio novo, chamado de Wicca Angelical, que minha mãe, Beleta Greenaway, e eu ajudamos informalmente a desenvolver várias décadas atrás na Inglaterra, a maioria dos feitiços e rituais são direcionados às energias angelicais. Isso não é uma afronta aos nossos ensinamentos antigos; assim como a maioria das coisas muda com o tempo, a bruxaria também muda. Ainda existem algumas bruxas que preferem os deuses e deusas convencionais, e você pode trabalhar com eles, se é isso que seu coração lhe diz. Você pode adaptar todos os feitiços deste livro para invocar seu deus ou deusa de acordo com as suas necessidades, sejam quais forem.

Os anjos residem em um reino diferente do nosso, que é ideal em todos os sentidos. Nas religiões tradicionais, eles são retratados como criaturas aladas puras, belas e brilhantes, vivendo ao lado de Deus como assistentes celestiais, mensageiros divinos e guias e guardiães dos humanos.

Os anjos há muito tempo desempenharam e ainda desempenham um papel importante em muitas religiões, mas, como acontece com muitos seres sobrenaturais, ninguém sabe dizer com certeza como eles são. Muitas pessoas afirmam ter visto um desses belos seres ao vivo, mas eu, infelizmente, não tive esse prazer. Embora eu goste de pensar que existem anjos homens e mulheres por aí, algumas pessoas acreditam que os anjos sejam andróginos. Ao longo dos anos, li muitos livros sobre anjos; alguns afirmam que eles não têm gênero, enquanto outros os retratam como tendo um gênero. Nessa questão, sigo meu coração. De certa forma, é mais fácil eu me relacionar com os anjos se os visualizo como homens ou mulheres, ainda mais porque eu os invoco com muita frequência.

Na minha pesquisa, descobri que os anjos não têm apenas uma beleza interior, mas também têm uma aparência física bem glamorosa. Aqueles que tiveram a sorte de ver anjos costumam comentar sobre suas cores radiantes, seus sorrisos celestiais e sua paciência infinita. As crianças têm mais encontros com anjos do que os adultos, em geral; como as crianças não estão no planeta há muito tempo, elas se encontram muito mais próximas do mundo espiritual do que nós e podem acessar seus portais psíquicos com mais facilidade.

UM ANJO NO SEU OMBRO

Dizem que os anjos podem assumir qualquer forma e se adaptar às necessidades e crenças dos humanos que estão tentando ajudar. O objetivo do anjo não é assustar. Por exemplo, uma criança pode ficar com medo de ver um enorme espírito alado sentado ao pé da cama, então um anjo que aparece para uma criança pode se transformar em alguma coisa um pouco menos dramática, como um ponto de luz dançante ou uma criança espiritual. Isso permite que a criança interaja com o anjo e se acostume com sua vibração. O anjo então cresce em tamanho e maturidade conforme a criança cresce e amadurece. Quando eu era criança, costumava ver o espírito de um lindo cachorro de pelo amarelo que aparecia por alguns segundos de vez em quando. Por instinto, eu sabia que era uma presença positiva e estava ali para me proteger. Os poucos sortudos que viram um anjo alado ao vivo comentam que as asas dos anjos não são

como as asas dos pássaros, mas sim luzes brilhantes que oscilam nos "corpos" dos anjos. Essa luz cria fluxos de energia de cura que vibram em tons cintilantes — cores difíceis de descrever porque não são vistas neste mundo.

Quando eu tinha uns seis anos, tinha muita curiosidade em relação aos anjos e sempre enchia minha pobre mãe de perguntas investigativas. Certo dia, perguntei inocentemente se os anjos faziam sexo. Ela engasgou com o café antes de se recompor, depois me garantiu que os anjos eram puros e divinos demais para recorrer a atos tão primitivos. Claro que eu tinha uma resposta para tudo e retruquei que ela obviamente estava errada, porque havia muitos e muitos querubins bebês no mundo! Acredito que a resposta dela foi: "Os querubins foram criados, querida, como anjos bebês, e continuam sendo querubins para as crianças humanas brincarem com eles". Que belo pensamento!

ANJOS DA TERRA

Muitas pessoas não percebem que os anjos também podem assumir a forma humana e se materializar como pessoas comuns. Um anjo pode ser a pessoa que você encontra de passagem quando está dando uma volta na praia ou o passageiro sentado ao seu lado no ônibus conversando sobre alguma coisa ou sobre nada. Às vezes, eles aparecem só para ver como você está, às vezes para dar uma ajuda e levantá-la se você cair de cara no chão.

Os anjos também são conhecidos por intervir magicamente quando alguma coisa está ou não destinada a acontecer. Você já pensou nas coincidências da sua vida ou se espantou quando saiu ileso de situações perigosas? Existe muita intervenção angelical acontecendo no mundo, e há anjos interagindo conosco o tempo todo.

Assim como todos temos nossos próprios guias espirituais (que são diferentes dos anjos), cada pessoa também tem um anjo cuidando dela. Se você estiver no lugar errado e na hora errada, tenha certeza de que seu anjo da guarda vai estar lá. Embora às vezes você precise viver diretamente uma situação prejudicial porque é uma lição pela qual tem que passar, seu anjo da guarda vai estar presente para guiá-la se for seu destino sair ileso. Existem inúmeras histórias sobre pessoas sendo salvas de um desastre no último instante; tenho certeza de que você já ouviu ou experimentou algumas, e há muitos livros que abordam isso em detalhes para nos convencer de que não estamos sozinhos. Em 2009, minha mãe escreveu *Simply Angels*, que contém informações abundantes sobre todos os aspectos das vibrações angelicais. Aqui, vamos responder apenas a algumas das perguntas mais comuns sobre anjos.

QUANTOS ANJOS EXISTEM NO UNIVERNO?

Existem milhões, trilhões e zilhões de anjos no plano espiritual, cada um com seus talentos específicos. Existem anjos para cura, amor, dinheiro, animais, crianças... A lista é interminável. Assim como a vida evolui, os anjos também evoluem, e todas as situações que você pode imaginar têm um anjo para representá-la. Qualquer que seja o seu problema, há um anjo para ajudá-la e, se você pedir a ajuda de um deles, será protegida e guiada durante o período de incerteza.

Se trabalharmos para nos tornarmos perfeitos em vida e conseguirmos sair da roda da reencarnação um dia, poderemos ir para perto dos anjos. Só por curiosidade, acho que vai demorar um pouco antes de eu me juntar a eles, porque tenho tendência a rir de piadas um tanto obcenas, beber muito vinho tinto e, às vezes, cobiçar o Richard Gere. Mas tenho certeza de que os anjos têm o mais incrível senso de humor e, como se esforçam para promover a felicidade e o riso, eles muitas vezes riem às nossas custas.

O QUE ACONTECE QUANDO VOCÊ INVOCA UM ANJO?

A Wicca é ideal para invocar anjos. Eles gostam que você faça um esforço e monte uma bela mesa ou altar com muitos objetos decorativos. Os cristais criam a ambientação certa, assim como o incenso, as flores, as representações pictóricas e, o mais importante, as velas. Antes de começar, toque um sino sobre o altar para se livrar de todas as vibrações negativas. Tente não deixar nenhum lixo espalhado, pois acredita-se que os anjos adoram limpeza e pureza. Apesar disso, eles a guiam e protegem mesmo se a roupa limpa não estiver dobrada e guardada. Eles também gostam de cheiros e aromas agradáveis, então sempre tenha alguns óleos essenciais por perto. Você pode tocar uma música tranquila, mas pode ser uma boa ideia tirar o gato da sala, se tiver um, pois os gatos se concentram nas vibrações celestes como abelhas em uma flor e podem derrubar seu altar lindamente decorado. Em uma ocasião, Oliver, meu "ninja-siamês", saltou na minha mesa angelical, enfiou as garras na minha linda toalha roxa e jogou todo o conteúdo no chão.

Ao invocar um anjo, sempre fale em voz alta, com sua voz mais clara e mais sincera. Você não precisa falar em linguagem antiga nem usar expressões religiosas; sua linguagem cotidiana funciona. Você pode perguntar se o anjo pode lhe fazer um favor ou ajudá-la com alguma coisa ou só pedir que ele ouça. Tente ver o anjo como seu melhor amigo ou confidente.

Como sei que estou invocando o anjo certo?

Não é tão difícil. Um pensamento ou uma prece é algo poderoso, portanto, não importa o que você envia mental ou verbalmente, o anjo certo vai receber e responder. Cada anjo tem um nome, mas não é necessário saber todos os nomes; eles decidem quem é o melhor para ajudá-la.

UM FEITIÇO SIMPLES PARA INVOCAR SEU ANJO OU GUIA

Pegue algumas penas brancas e espalhe-as no altar. Em seguida, coloque cinco velas roxas ou lilases sobre a mesa ou superfície de trabalho e arrume-as em um círculo. Acenda as velas e visualize-se em uma luz roxa. Concentre-se no seu problema por pelo menos cinco minutos. Agora recite estas palavras:

Anjos de amor e beleza, eu os invoco neste dia para ajudar a aliviar o meu fardo.
Com seu poder e influência inspiradores, mostrem-me as soluções que procuro.

Em seguida, com suas próprias palavras (ou com um poema que você criou, se quiser), descreva o tipo de ajuda que deseja. Tente não deixar nada de fora. Lembre-se de que os anjos só podem nos ajudar com os dilemas se pedirmos ajuda. Eles são moralmente obrigados a não agir no nosso nome sem um pedido nosso, porque isso tiraria nosso livre-arbítrio. Termine o feitiço dizendo:

Que assim seja.

Deixe as chamas queimarem por uma hora e depois as apague. Embora esse feitiço seja simples — você não precisa de nenhuma ferramenta ou ingrediente além das velas e penas —, ele é muito dinâmico se executado de maneira correta e, em poucos dias, seu problema vai diminuir e as coisas vão começar a melhorar. Se quiser ter muita certeza de que os anjos estão ouvindo, você pode repetir esse feitiço e reacender as velas no dia seguinte.

O QUE EU DIGO ÀS CRIANÇAS?

Crianças são sempre muito curiosas e, se você estiver praticando a Wicca Angelical, é possível que elas também se interessem. Permita que elas tenham um pequeno altar próprio, pois isso vai ensiná-las a serem criativas. Elas podem querer fazer um desenho de si mesmas e de seus anjos. Se você for à praia, incentive-as a coletar conchas ou lindos galhos para enfeitar o espaço delas. Não é necessário que elas acendam velas; não defendo que crianças brinquem com fósforos ou isqueiros em nenhuma circunstância.

A oração de uma criança tem um poder próprio, e os anjos respondem no mesmo instante. Se seu filho tiver algum problema, incentive-o a ficar de pé diante do altar, fechar os olhos e contar tudo aos anjos com as próprias palavras. Ele pode não ter nenhum problema, só querer pedir aos anjos que ajudem outras crianças que estão sofrendo no mundo. É uma boa maneira de apresentar as forças angelicais às crianças.

Meu filho mais velho tinha quatro ou cinco anos quando nosso amado gato, Nino, desapareceu por duas semanas. Sendo uma família louca por gatos, ficamos todos muito preocupados, e meu filho não era exceção. Ele chorava até dormir e se recusava a comer. Em uma tentativa desesperada de fazê-lo se sentir melhor, eu o ajudei a erguer um pequeno altar e nele colocamos todos os brinquedos do Nino, sua coleira antiga e algumas pétalas de flores do jardim. Ouvir um menininho implorar aos anjos para trazerem de volta seu gato de estimação foi uma cena que me acompanhou durante todos esses anos. Tenho o prazer de dizer que as orações dele foram atendidas: naquela mesma noite, Nino entrou pela porta dos fundos, um pouco maltratado, mas são e salvo e finalmente em casa.

Se mais de um membro da família estiver praticando Wicca, você pode achar que não há problema em compartilhar seu altar e suas ferramentas, mas isso não é aconselhável (foi por isso que sugeri um altar separado para seus filhos). Suas ferramentas pessoais absorvem as suas vibrações e energias, então, se você começar a misturar, as vibrações vão ficar confusas.

ANJOS DA GUARDA

Como bruxas, a primeira coisa que aprendemos é "proteja-se". Como os anjos são todo-poderosos, quem melhor para pedir proteção? Tenho um pequeno enfeite de anjo cintilante pendurado no espelho retrovisor do meu carro, só para me dar uma proteção a mais quando estou dirigindo (se você colocar um no seu carro, o enfeite precisa ser pequeno o suficiente para não bloquear sua visão ou distraí-la enquanto dirige, caso contrário, pode ser melhor mantê-lo em seu porta-luvas). Qualquer símbolo angelical pode ajudar a invocar anjos, então broches e joias que você coleta pelo caminho são ótimos para lhe dar essa rede de segurança adicional. Olhe para eles como amuletos angelicais de sorte.

A Wicca Angelical, embora não seja uma religião prescrita, nos ensina que existem muitos anjos diferentes. Existe um para cada problema humano e para cada emoção humana, e, depois que adquirir a habilidade de se conectar com a energia dos anjos, você vai descobrir que muitas lutas do dia a dia podem ser resolvidas assim, de maneira simples e fácil. Para cada obstáculo na vida existe uma resposta, e, com a intervenção divina dos anjos, podemos entender cada vez melhor nosso propósito neste planeta. Embora eu tenha tocado na mão do meu guia espiritual, Erik, meu único arrependimento é não ter tido a sorte de ver esses maravilhosos seres angelicais, mas quem sabe — um dia posso ter sorte!

Dica da Shawn

Todas as manhãs, sente-se em silêncio por alguns minutos e leve um anjo até o seu coração. Peça para ele cuidar de você. Repita isso todos os dias para que, com o tempo, se torne parte da sua rotina. Esteja sempre preparado espiritualmente.

WICCAPÉDIA

CAPÍTULO 3

TABULEIRO OUIJA: VOZES DO OUTRO LADO

SHAWN ROBBINS

A maioria das pessoas já viu um tabuleiro Ouija em algum momento da vida, seja no mundo real ou em um programa de TV. Embora seja aceito de bom grado como parte da Arte, em alguns países ele não é permeado pelos mesmos significados, então as pessoas escolhem outros tipos divinatórios ou de contatos com espíritos. O Ouija abre as comunicações entre este mundo e o outro. Para médiuns experientes que sabem usar o tabuleiro de maneira adequada, é, na verdade, uma ferramenta benéfica que pode construir a ponte entre portais para o outro mundo e permitir que as pessoas se comuniquem com os entes queridos que já morreram.

WAGNER FEZ UMAS "ESQUISITICES"

Embora várias formas do tabuleiro Ouija tenham sido usadas por séculos, Adolphus Theodore Wagner patenteou o primeiro "tabuleiro falante" — ele o chamou de psicógrafo — na Inglaterra em 23 de janeiro de 1854. Há rumores de que Wagner passeava por cemitérios no breu da noite carregando a pequena tábua de madeira e tentando conjurar as almas de pessoas mortas. Também houve pessoas que espalharam que ele era um homem possuído, que andava pelas ruas de Londres xingando seres invisíveis. Não há, hoje, ninguém que esteja vivo e o tenha conhecido pessoalmente, então talvez nunca saibamos o que é fato e o que é especulação, mas, como o tabuleiro falante era intimamente associado a essas histórias, é compreensível que as pessoas ficassem um pouco relutantes em usá-lo.

No entanto, no fim do século XIX, quando as sessões espíritas estavam no auge da popularidade tanto na Europa quanto nos Estados Unidos, o tabuleiro Ouija estava em voga. As pessoas se sentavam ao redor de uma mesa com um médium para guiá-las nessa arte delicada de contatar os mortos. Sobre a mesa ficava um tabuleiro retangular com as letras do alfabeto em duas fileiras curvas e, sob as letras, uma série de números de um a zero. No canto superior esquerdo do quadro ficava a palavra SIM e, no canto superior direito, a palavra NÃO.

No tabuleiro havia uma prancheta, um dispositivo em forma de coração com três pernas que permitia que deslizasse suavemente sobre o tabuleiro.

O médium pedia a todos que apoiassem as pontas dos dedos na prancheta e, quando a sala estivesse silenciosa o suficiente para se ouvir um alfinete cair, perguntava ao universo se havia alguém presente do "outro lado" que gostaria de se comunicar com as pessoas sentadas à mesa. A maioria das pessoas queria falar com um ente querido que havia falecido, enquanto outras só queriam saber se havia um espírito por perto. A prancheta funcionava movendo-se pelo quadro e apontando para as letras com o objetivo de formar palavras em resposta às perguntas feitas.

Dica da Leanna

Na Grã-Bretanha, levamos o tabuleiro Ouija muito a sério, e a maioria das bruxas wiccanas raramente o usa. Muitas vezes, os médiuns levam a tábua a um local assombrado para saber por que um espírito está ocupando a área; em casos como esses, o Ouija pode ser muito útil. Mas é compreensível haver controvérsia em relação ao tabuleiro Ouija. Há décadas ele não tem sido tratado com o respeito que merece, mas, em vez disso, é levado a festas para invocar fantasmas quando os convidados já beberam demais. No cinema, às vezes é retratado como uma ferramenta para reunir uma entidade maligna ou outra e, de certa forma, esses filmes acertam um pouco: o Ouija é uma forma básica de ferramenta de divinação, e com ela você pode, com toda a inocência, atingir vibrações mais baixas com alguma facilidade. Portanto, acho que é seguro dizer que você precisa saber o que está fazendo e ter alguma experiência antes de começar.

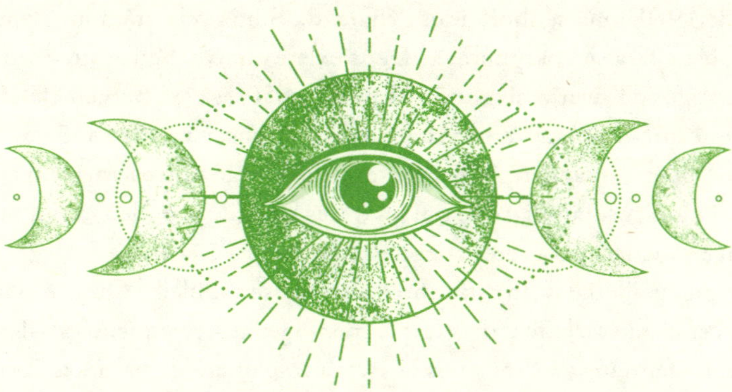

O TABULEIRO OUIJA MODERNO

Na década de 1890, um inventor americano chamado William Fuld fez melhorias no tabuleiro falante, que começou a fabricar com o nome de "Ouija". Em 1966, o espólio de Fuld vendeu a patente do Ouija para a Parker Brothers e o tabuleiro ganhou uma nova vida, mas desta vez como um jogo de salão popular. Ainda assim, o Ouija manteve sua mística como uma espécie de portal sobrenatural para estudantes do mundo espiritual. Sempre acreditei que existem pessoas que querem saber o que está do outro lado da montanha, e existem pessoas que querem saber o que está além do portal da morte — pessoas que estão dispostas a ir além de suas zonas de conforto e explorar novas dimensões do tempo e do espaço. Essas pessoas costumam estar na vanguarda de novas ideias, movimentos e tendências, e aconteceu que, no auge do movimento hippie e da Era de Aquário, o tabuleiro Ouija se tornou muito popular. A "moda" Ouija foi adotada em certos círculos sociais, e senhoras abastadas contratavam médiuns cuja especialidade era a comunicação com os falecidos. Jornais e artigos de revistas zombavam desses "frequentadores de sessões". Usando suas melhores roupas, eles se encontravam uma vez por semana na casa dos outros na esperança de fazer contato com seus entes queridos do outro lado.

Mais importante — embora os redatores sensacionalistas de tabloides tenham ignorado isso —, essas pessoas buscavam a esperança. Elas queriam acreditar que a vida não terminava com a morte, que havia um propósito maior para se estar aqui. Também queriam saber como o tabuleiro Ouija poderia fazer a ponte entre a vida e a morte. Não acho que isso seja loucura nem besteira; acho que esse é o estado natural do ser humano, ser curioso e querer saber mais sobre essas coisas.

E o que *eu* sei sobre o assunto? Vou te contar uma história!

MINHA SESSÃO COM SONIA

Na década de 1970, uma senhora idosa chamada Sonia veio até mim, na esperança de ter uma resposta para sua pergunta: se Deus existe ou não. Seu rosto e seu corpo mostravam os estragos de viver o horror do Holocausto. Presa em Bergen-Belsen, o notório campo de concentração nazista na Alemanha, ela sobreviveu às condições mais miseráveis que se poderia imaginar. Sonia foi forçada ao trabalho escravo em tenra idade e, impotente, viu amigos, familiares e outros entes queridos condenados à morte de maneiras horríveis demais para serem descritas aqui.

Sonia tinha ouvido falar do estranho e misterioso tabuleiro Ouija e estava disposta a deixar seu ceticismo de lado para ver que mensagem esse pequeno tabuleiro revelaria. Eu nunca tinha feito uma sessão, mas já estava trabalhando com meus dons psíquicos havia algum tempo, então estava disposta a tentar.

Convidei Sonia para se sentar na minha sala de jantar e coloquei o tabuleiro Ouija sobre a mesa. Apaguei todas as luzes e acendi uma velinha branca que coloquei no topo do tabuleiro. Pedi que segurasse as minhas mãos enquanto eu fazia a pergunta ao universo: "Há alguém aqui do outro lado que deseja se comunicar com os que estão sentados à mesa?".

Nenhuma resposta. Repeti a pergunta, mas, dessa vez, aconteceu uma coisa que fez meu coração parar de bater. A vela branca adquiriu um brilho laranja e projetou uma sombra misteriosa no tabuleiro. Ficamos olhando enquanto a sombra assumia a forma de um rosto. Naquele momento, eu sabia que não estávamos mais sozinhas na sala. Alguém, ou alguma presença, estava ali.

Em segundos, a sombra da chama pareceu flutuar pelo tabuleiro, como se uma mão invisível a estivesse guiando para soletrar uma mensagem. Observamos em um silêncio atordoado quando a vela parou na letra A. Dali, passou para a letra C, seguida por R, E, D, I, T e E mais uma vez. O tabuleiro Ouija tinha soletrado a palavra *acredite*. Sem aviso, uma brisa fria apagou a vela. Acendi as luzes e perguntei a Sonia se ela sabia o que significava a mensagem.

Lágrimas escorriam pelo seu rosto. Ela me explicou que, quando a Gestapo apareceu para levá-la com a família para os campos, o pai lhe disse: "A vida é um desafio, uma série de testes. Acredite que há uma razão para tudo e nunca deixe de acreditar que não seremos separados na morte".

Sonia foi embora naquele dia *sabendo* que seus entes queridos estavam sãos e salvos do outro lado. Mas ela está longe de ser a única a receber notícias do plano espiritual. O Ouija ensinou muitas lições de vida para aqueles afortunados o suficiente para se conectar com ele e "ouvir" a mensagem de que o mundo não acaba aqui, que esta vida é só o começo, uma escada para as estrelas e uma porta para uma nova dimensão a explorar.

CONDUZINDO UMA SESSÃO DE OUIJA

Se você tiver interesse no tabuleiro Ouija e quiser tentar entrar em contato com alguém que já faleceu, antes de começar, é importante saber que os tabuleiros americanos e britânicos são iguais, mas com uma ressalva. Nos Estados Unidos, o tabuleiro Ouija costuma ser usado para se divertir e criar laços de amizade, enquanto, na Europa, é levado um pouco mais a sério. O tabuleiro deve ser tratado com respeito, e você deve criar o ambiente de paz perfeito para garantir que o espírito conjurado seja um espírito bom, e não de um reino inferior. Como mencionamos em um capítulo anterior, assim como existem pessoas boas e más neste mundo, também existem espíritos bons e maus. Para atrair apenas almas positivas, limpe a sala queimando incenso e acendendo uma vela branca antes de começar e faça com que seu foco seja claro e puro.

PREPARE-SE PARA FAZER CONTATO

Convide alguns amigos, o suficiente para formar um círculo ao redor de uma mesa. Quando todos os amigos estiverem em posição, você vai estar pronta para começar. Não pode haver distrações na sala, então peça para todos desligarem os celulares e verifique se alguém precisa usar o banheiro antes de iniciar. As pessoas costumam ficar nervosas durante a sessão, e você não vai querer que seu trabalho seja interrompido por uma pausa para ir ao banheiro. Também é comum algumas pessoas terem ataques de riso. Se isso acontecer, você pode oferecer a elas uma taça calmante de vinho, mas mantenha o consumo de álcool no mínimo, pois o excesso pode afetar a capacidade de foco.

Coloque o tabuleiro Ouija sobre a mesa junto com uma vela branca e um copo d'água, que dá energia aos espíritos. Diminua as luzes, acenda a vela para começar e siga estas etapas.

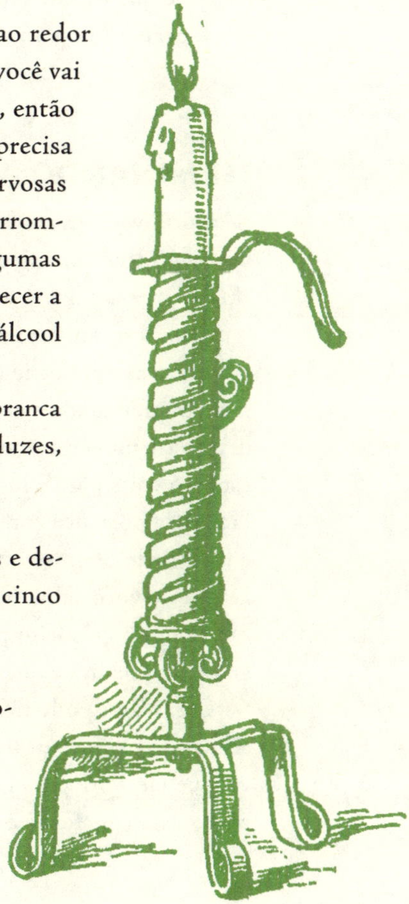

1. Peça a todos no grupo que inspirem por cinco segundos e depois expirem. Inspire cinco segundos, expire. Inspire cinco segundos, expire.
2. Agora peça que todos deem as mãos ao redor da mesa.
3. Em suas próprias palavras, faça uma prece pedindo proteção e peça aos anjos, guias ou deuses que circundem a sala só com energia positiva. Seja assertiva na oração; insista que apenas espíritos benevolentes são bem-vindos e exija que todos os outros fiquem longe.

4. Depois da oração, fique em silêncio por cerca de dois ou três minutos e continue a respiração.
5. Concentre-se no momento atual e leve sua mente ao tabuleiro. Respire fundo e pergunte ao universo se há alguém do outro lado que deseja fazer contato. Você pode ter sorte na primeira tentativa e ouvir uma batida distante. A batida pode vir de debaixo da mesa ou da sala ao lado. É perfeitamente normal ficar um pouco nervosa ao ouvir esses sons, mas tente não deixar seus convidados perceberem. Fique o mais calma possível.
6. Diga a todos os convidados para colocarem o dedo indicador direito na prancheta. Agora é sua função, como anfitriã da sessão, fazer ao tabuleiro uma pergunta do tipo sim ou não. Se houver um espírito presente, ele moverá a prancheta, deslizando-a até apontar para SIM ou NÃO no tabuleiro. Se você fizer uma pergunta mais complexa, a prancheta vai apontar para letras diferentes no tabuleiro, que vão soletrar nomes, lugares ou palavras significativas. Lembre-se de que os fantasmas não têm verificação ortográfica do outro lado, então esteja preparada para usar suas habilidades fonéticas para decifrar as respostas.

TERMINANDO A SESSÃO

Se tudo tiver corrido bem, você vai ter recebido as informações solicitadas. É aqui que você agradece com sinceridade ao espírito pelo seu tempo e termina movendo a prancheta sobre a palavra ADEUS na parte inferior do tabuleiro.

É comum um espírito invocado pela prática Ouija ficar por perto, às vezes por dias ou semanas depois de uma sessão. Portanto, é fundamental que você feche a sessão de maneira adequada e envie o espírito de volta. Prepare um pequeno discurso para usar depois de mover a prancheta até a posição ADEUS e diga claramente que deseja que o espírito volte para o lugar de onde veio. Se isso não funcionar e você se sentir atormentada pela presença contínua de um espírito, é possível corrigir o problema com rapidez e facilidade. Primeiro, pegue o tabuleiro Ouija de novo e peça desculpas ao espírito. Diga que você sabe que ele está por perto e lamenta que ele não tenha voltado para casa. Diga ao espírito para ir em direção à luz e encontrar seu guia lá. Diga que todo o amor está na luz e que ele deve sair imediatamente do plano terreno.

O espírito pode ficar confuso depois de cruzar para o plano terreno; com seu guia acenando para ele de um lado e você empurrando-o porta afora na outra, é mais provável que ele volte para lá. Encerre a sessão dizendo mais uma vez que o trabalho do espírito está concluído e sua presença não é mais necessária.

OUIJA PARA A AUTOILUMINAÇÃO

Embora o Ouija seja uma ferramenta excelente para enevoar os limites entre os planos material e etéreo, você também pode usá-lo para aprender mais sobre seu coração, sua alma e seus desejos. É uma prática completamente diferente de uma sessão; é o que chamamos de espiritualismo em um sentido mais amplo. Que eu saiba, ninguém usou o tabuleiro Ouija como guia espiritual da maneira que vou revelar agora.

As pessoas são atraídas por ferramentas como o Ouija por razões muito diversas, por isso não vou pressupor que você já esteja em uma busca espiritual só porque tem interesse por esse tipo de magia. Mas vou falar sobre expandir sua mente até esse horizonte, para o caso de você estar pronta para ir até lá. Na verdade, estou falando sobre desenvolver sua própria noção de espiritualismo, que tecnicamente é um esforço religioso, mas que eu acho que descreve com perfeição a busca pelo Eu e pela alma.

O importante sobre o espiritualismo é que ele nos ensina que todos temos dois aspectos igualmente importantes na nossa natureza: o físico *e* o espiritual. Um não pode prosperar sem o outro, e os dois devem ser alimentados se quisermos ter a vida mais saudável possível.

DESCUBRA O MELHOR DE VOCÊ

Estamos vivendo em uma época na qual o materialismo superou quase por completo o espiritualismo. As pessoas se desconectaram do restante do mundo. A palavra *vizinho* foi substituída pelo termo *a pessoa (ou o desconhecido) que mora ao lado*. Os sem-teto são vistos como uma presença irritante que contornamos nas ruas, não como pessoas desesperadas passando necessidade. Os idosos, os doentes e os moribundos são apenas um fardo para a sociedade, então por que devemos estender a mão e ajudá-los? A menos que mudemos nossa percepção dos menos afortunados do que nós, estamos condenados a viver em um mundo insensível no qual não há esperança de mudança.

O problema de não estar em contato com seu lado espiritual é que você realmente não sabe quem você é e quem você é capaz de se tornar. Pode haver aspectos da sua personalidade que você nem imagina que existam, e esses aspectos podem ser importantes não só para você como indivíduo, mas para o mundo inteiro. Esse é o objetivo desse exercício com o Ouija: encontrar aquelas partes gloriosas e ocultas da sua alma que precisam de iluminação.

Precisamos entender que chegou a hora de mudar. Você é a geração da Nova Era que pode fazer a diferença no mundo. É hora de sair da caixa e inspirar aqueles que ainda não são estimulados pela curiosidade intelectual.

O PROCESSO

Antes de iniciar o processo, é muito importante pegar o tabuleiro Ouija e levá-lo ao peito. Sente-se em silêncio com ele e respire fundo. Faça isso por um ou dois minutos para que o tabuleiro possa absorver suas energias e seus pensamentos.

Coloque o tabuleiro sobre uma mesa. Coloque os dedos na prancheta. Nesse método de consulta ao tabuleiro Ouija, você só pode fazer perguntas do tipo sim ou não. Faça perguntas simples para começar, como "Devo usar meu suéter azul no sábado à noite?". Você pode sentir um puxão ou um impulso para a esquerda ou para a direita. Isso é ótimo, porque significa que a prancheta está respondendo às suas energias. Você a aqueceu, e ela está pronta para funcionar.

Nesse ponto, quero que você faça ao tabuleiro algumas perguntas mais esotéricas, como "Existe uma razão para eu estar aqui?" ou "Tenho um propósito especial na vida?". Você pode até perguntar se a sua carreira vai levar ao sucesso. O que você está fazendo nesse processo é se sintonizar com o seu Eu interior. Afinal, o tabuleiro Ouija pode funcionar como uma ponte entre você e sua mente subconsciente. Na verdade, você já sabe a maioria das respostas, senão todas, e o tabuleiro Ouija está só validando o que você sabe.

Pergunte ao tabuleiro se você tem uma missão especial a cumprir na vida. Digamos, para fins de argumentação, que a prancheta se mova ligeiramente para a direita. (Ela não precisa tocar no SIM na parte superior do tabuleiro; basta um movimento nessa direção.) Ok, agora sabemos que você tem um propósito especial. Depois dessa pergunta, faça outra ao quadro, como "Você quer dizer ajudar as pessoas?". Se a prancheta se mover de novo para a direita, sabemos que ajudar as pessoas é a sua missão de vida. Você pode continuar fazendo perguntas de sim ou não em outro nível, como "Por meio do voluntariado?", "Fazendo o curso de enfermagem?" ou "Me tornando professor?".

A verdadeira evidência do poder do tabuleiro Ouija surge quando você faz perguntas mais profundas e envolventes. É nesse momento que o espiritualismo e o misticismo entram em ação. Quando você faz uma pergunta e recebe uma resposta, isso inevitavelmente leva a outra pergunta, e outra, e mais outra.

O que você realmente está fazendo é retreinar seu pensamento, aprendendo a entrar em contato com sua voz interior ou sua mente subconsciente. Esse é um exercício fácil, mas exige que você pense em um nível com o qual provavelmente não está em contato no dia a dia.

Compartilhe as lições

O tabuleiro Ouija é uma ferramenta para a iluminação. Use o conhecimento que ele oferece para ajudar outras pessoas que perderam o rumo. Diga-lhes que há outro caminho a seguir, menos percorrido; um caminho que as levará à realização interior. Guie-as por meio do exemplo, talvez até lhes dando um tabuleiro Ouija como presente de incentivo para explorar um novo mundo de possibilidades. E, ao fazer isso, o tabuleiro Ouija viverá por muitas gerações.

AR

BRUXARIA NA PRÁTICA

PARTE 2

WICCAPÉDIA

CAPÍTULO 4

LUA BRILHANTE: PRESENÇA MÁGICA

LEANNA GREENAWAY

Mesmo com a tecnologia que temos hoje, quando olhamos para o céu em uma noite clara e vemos uma bela lua brilhando em toda a sua glória, temos que admitir que é uma visão incrível. Por milhares de anos, a lua foi vista como uma presença mágica, e até nossos ancestrais acreditavam que a lua tinha um significado espiritual.

As mulheres e a Lua

A lua era adorada em muitas religiões antigas como uma deusa e foi constantemente associada ao feminino. Em média, nossa grande e bela lua orbita a uma distância de cerca de 384.400 quilômetros da Terra e leva cerca de 28 dias para completar sua órbita. Curiosamente, o tempo médio entre os ciclos menstruais femininos.

AS FASES DA LUA E A MAGIA

As próximas páginas listam vários feitiços que você pode realizar nas diferentes fases da lua — certos feitiços funcionam melhor em determinadas fases. Todos os feitiços listados podem ser feitos em um ritual simples: leve uma velinha branca até a janela e observe a lua através da vidraça. Diga seu desejo em voz alta e, com sentimento, deixe a vela queimar até o fim (enquanto você ainda estiver na sala, claro; não deixe a vela sozinha nem a coloque perto de uma cortina). Se preferir, você pode consultar os outros feitiços neste livro, como os que usam caixas de desejos (capítulo 7) ou magia por mensagens de texto (capítulo 6), e conduzi-los na fase lunar adequada.

A LUA CHEIA

Houve um tempo em que se pensava que a lua e suas fases interferiam na nossa química interna, exercendo forças gravitacionais sobre o nosso corpo, ou que os campos gravitacionais da lua faziam com que partículas elétricas caíssem na Terra, interferindo nas funções complexas do nosso cérebro. Estudos científicos recentes refutaram essas teorias, bem como invalidaram a crença de longa data de que os crimes e a instabilidade mental (daí a palavra *lunático*) aumentam nas luas cheias. De qualquer maneira, pelo ponto de vista mágico, a lua cheia não tem nenhuma conotação negativa; é apenas considerada uma época muito poderosa do mês. Por algum motivo, as sextas-feiras de lua cheia são maravilhosas para fazer feitiços de amor. Se você tentar fazer feitiços de amor durante qualquer outra fase da lua, não significa que não vão funcionar, mas os resultados podem demorar muito mais. Existem muitos outros feitiços que se beneficiam da lua cheia:

* Proteger a propriedade e a casa;
* Trazer mais vigor à vida;
* Qualquer coisa que tenha a ver com amor;
* Aumentar a autoconfiança;
* Avançar na carreira e no trabalho;
* Aumentar a habilidade psíquica e a clarividência;
* Fortalecer amizades e laços familiares;
* Realizar feitiços gerais de boa sorte.

A LUA CRESCENTE

Quando a lua está crescendo, as bruxas gostam de fazer feitiços para melhorar uma situação ou para fazer andar coisas que caíram na rotina há um tempo. Com frequência, quando a vida não está mudando, é necessário um empurrãozinho para melhorar um pouco as coisas, e essa fase com certeza é a melhor para dar um impulso na sua vida. Os seguintes feitiços funcionam mais rápido durante a lua crescente:

* Sair da depressão;
* Sair de uma rotina;
* Ser aprovado em exames e testes;
* Encontrar objetos perdidos;
* Curar um animal doente ou encontrar um animal de estimação perdido;
* Cultivar jardins abundantes e saudáveis e promover o bem-estar da natureza;
* Perder peso ou parar de fumar.

A LUA MINGUANTE

Todos temos problemas em algum momento da vida ou lidamos com circunstâncias que fogem do nosso controle. A lua minguante é o momento perfeito para fazer feitiços para se livrar das nuvens carregadas e energias negativas que às vezes pairam sobre nós. É um momento em que você pode extrair força do universo. Se está cercada de pessoas difíceis e sente que não consegue lidar com isso, ou se precisa encarar situações difíceis, pode usar o poder da lua para ajudá-la. Ao fazer feitiços nessa fase, você vai conquistar o poder de assumir o controle de novo, fortalecer suas áreas fracas e se tornar mais assertiva em suas ações. Faça feitiços nessa época para:

* Desenvolver a força interior e a assertividade;
* Banir inimigos;
* Acabar com brigas;
* Acalmar crianças indisciplinadas;
* Controlar a ansiedade;
* Sair de situações complicadas.

A LUA NOVA

Esse é meu período lunar preferido e é adequado para quase todos os feitiços. A fase da lua nova nos cerca com muita energia positiva e pode atuar como catalisadora para mudanças imediatas. Muitas transições acontecem de um jeito natural perto da lua nova de qualquer maneira, como novos empregos, nascimentos e mudanças, mas, se você precisar revolucionar a vida, faça feitiços nesse período para:

* Mudar de carreira;
* Mudar de casa com rapidez e facilidade;
* Fazer uma viagem segura e agradável;
* Aumentar seu fluxo de caixa;
* Melhorar a saúde;
* Conceber uma criança.

A LUA ESCURA OU VAZIA

A lua escura, quando a face da lua está oculta, também é conhecida como lua "morta". Acontece exatamente três dias antes da lua nova e é considerada a mais mágica e potente de todas as fases. A menos que sejam experientes em agitar a varinha, provavelmente é melhor não tentar nenhum ritual nesse período, e sim esperar até a lua nova. Falando por mim, nunca fiz feitiços na fase da lua escura; eu apenas penduro meu caldeirão por alguns dias.

LUAS E HUMORES

Se você se interessar em estudar as nuances da lua, pode descobrir que seu comportamento muda dependendo do que a lua está fazendo. Fiz isso uma vez por alguns meses, deixando anotações no meu Livro das Sombras sobre como eu me sentia a cada fase que passava. Foi fascinante descobrir que, durante o período escuro da lua, eu ficava um pouco irritada e distraída, mas, depois que essa fase passava, eu me animava e começava a me sentir mais centrada. Certas situações também podem ocorrer naturalmente durante determinadas fases. Por exemplo, o faz-tudo veio consertar meu telhado com goteiras no primeiro dia da lua nova, e eu soube por instinto que ele faria um bom trabalho — e fez! Meus dois filhos nasceram na lua cheia, o que me faz acreditar que eles são fisicamente talentosos e devem se interessar por todas as coisas mágicas. Os animais também podem ser afetados pela lua cheia e podem ficar um pouco mais indisciplinados, portanto, se você é uma bruxa com felinos, tenha erva-de-gato por perto.

Dica da Shawn

Nunca subestimo o poder da lua e sempre acompanho o que ela está fazendo e quando vai mudar de fase. Você pode comprar um diário com todas as fases listadas ou procurar as informações na internet.

WICCAPÉDIA

CAPÍTULO 5

FEITIÇOS COM VELAS: ACENDENDO DESEJOS

LEANNA GREENAWAY

O que é um feitiço e como ele funciona? Muitas vezes me fizeram essas perguntas ao longo dos anos, e ainda hoje tenho dificuldade para respondê-las.

Suponho que temos que ver os feitiços como uma forma de ordenação cósmica, uma forma de projeção de pensamento. Um pensamento é uma coisa muito poderosa e, quando você o projeta para o cosmos em um feitiço, ele é recebido pelo universo e retorna para você. Outra teoria é que um feitiço é um pedido direto ao seu guia pessoal ou anjo, que pode optar por conceder seus desejos e satisfazer suas necessidades. Todos nós já ouvimos falar do poder da oração, e fazer um feitiço não é tão diferente. Nossos ajudantes espirituais querem que nos conectemos com eles e muitas vezes nos ajudam, mesmo que não percebamos. Quando meditamos do jeito certo e pedimos ajuda, estamos acessando um portal espiritual e abrindo-o para receber o apoio deles.

Como mencionei em outros capítulos, não nascemos sozinhos nem morremos sozinhos. Às vezes, nossos amigos espirituais evitam interferir na nossa vida porque isso pode nos impedir de aprender as lições valiosas que estamos destinados a aprender, mas eles vão nos apoiar e dar uma ajudinha, se lhes for permitido.

OS FEITIÇOS SEMPRE FUNCIONAM (E É REALMENTE MUITO FÁCIL CONSEGUIR O QUE VOCÊ DESEJA)?

É raro que nossos desejos sejam concedidos se nossa necessidade não for genuína. Então aqueles que querem morar em uma casa grande, ter muito dinheiro e acordar com uma bela companhia todas as manhãs podem se decepcionar! Os feitiços costumam funcionar para as coisas importantes da vida e tendem a ter mais sucesso em situações de crise. Portanto, se você estiver realmente desesperado e sua necessidade for legítima, invocar seus guias espirituais vai ajudar. Isso não quer dizer que você não possa fazer um feitiço para uma coisa trivial. Costumo fazer feitiços para conseguir uma vaga no estacionamento dizendo em voz alta: *Desejo uma vaga, então que assim seja*. Isso também pode ser usado se você tiver perdido alguma coisa e precisar encontrá-la rápido. Use o mesmo texto: *Desejo encontrar (o que você perdeu), então que assim seja*. O mais importante a se lembrar é que os feitiços lançados sem entusiasmo não costumam funcionar. Você precisa acreditar no que está fazendo e ter fé em si mesma e na sua magia. Se você realmente acreditar que vai encontrar as chaves do seu carro, você vai encontrá-las.

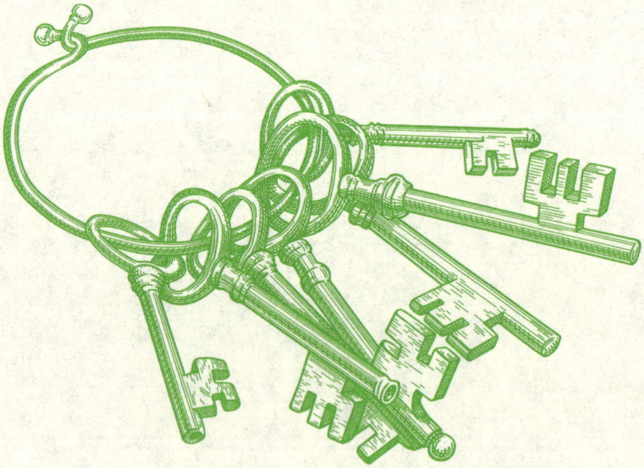

DIGA SEU DESEJO EM VOZ ALTA

Pode parecer meio doido, mas, quando você grita seu desejo para o universo, as coisas podem acontecer em um instante. (Embora eu recomende que você tente essa técnica quando estiver sozinho, senão algumas pessoas podem achar que você *está* desequilibrado.) Há alguns anos, a caldeira da minha mãe resolveu entupir e, como era domingo, sabíamos que seria impossível encontrar um encanador. Estava muito frio lá fora e estávamos tremendo demais, então, frustrada, ela parou na frente da caldeira sem vida e gritou: "DESEJO QUE VOCÊ FUNCIONE AGORA MESMO, QUE ASSIM SEJA". Fiquei surpresa quando a caldeira ligou e o calor começou a voltar para os radiadores. É claro que ela quebrou de novo no dia seguinte e precisamos do encanador, mas funcionou durante a noite de domingo para nos manter aquecidas e aconchegadas. Comecei a tentar essa técnica em outras situações e descobri que funcionava quase sempre. Suponho que as emoções reprimidas, combinadas com um feitiço, enviam uma mensagem muito poderosa ao universo, e todos os adoráveis ajudantes espirituais não conseguem deixar de ouvir sua voz acima de qualquer outra!

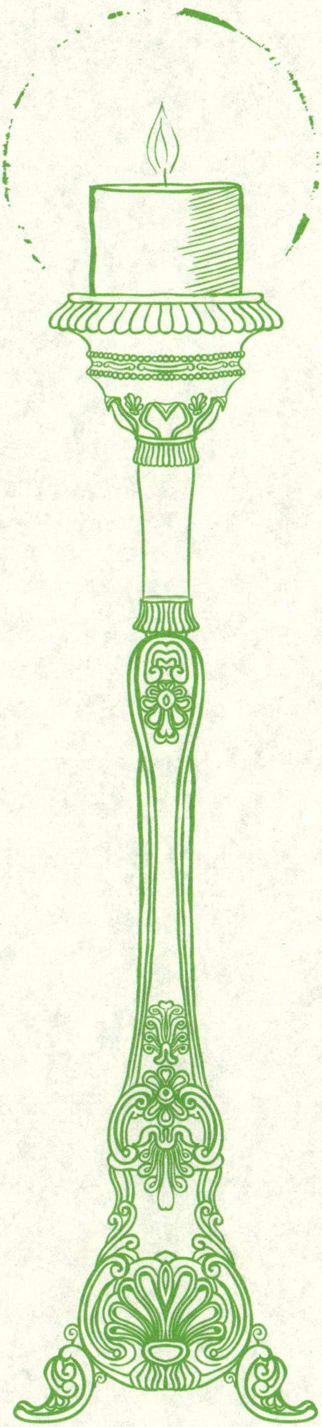

O RITUAL DAS VELAS

As velas sempre desempenharam um papel importante nos rituais e, embora seja aceitável apenas declarar nossas necessidades e desejos, às vezes os feitiços têm muito mais força quando nos concentramos nos problemas com uma ou duas chamas. O fogo é um elemento poderoso, por isso, quando um feitiço é realizado perto de uma vela acesa, a mensagem é transportada para o universo com muito mais força, e o desejo é direcionado de volta para nós no devido tempo. Nos círculos wiccanos, isso é chamado de ritual das velas ou magia das velas. A maioria dos wiccanos tem uma coleção de velas em cores variadas para cada ocasião. Cada cor de vela tem seu próprio significado e, portanto, tende a funcionar melhor para um problema específico.

CORES BÁSICAS DE VELAS E SUAS INFLUÊNCIAS

DOURADO, LARANJA E AMARELO

Cura, tanto para a mente quanto para o corpo. Autoconfiança e autoestima. Pais que podem precisar de ajuda para criar os filhos. Comunicação. Educação. Encontrar bens perdidos. Melhorar as habilidades de escrita.

PRATA E AZUL

Aumentar as habilidades psíquicas. Questões que têm a ver com casa e família. Mulheres, gravidez e maternidade. Viagens seguras.

VERMELHO

Confiança e coragem. Aumentar a energia sexual. Despertar a paixão. Proteção contra ataques; proteção contra estupradores e violência doméstica.

ROXO

Proteção em geral. Bênçãos da casa. Invocar espíritos. Questões de negócios e trabalho. Empregos novos.

ROSA

Estimular o romance e atrair o amor. Criar harmonia nos relacionamentos e no casamento. Aumentar a beleza para parecer mais atraente fisicamente. Melhorar talentos musicais.

VERDE

Gerenciar a riqueza e o dinheiro com sucesso. Feitiços da natureza e do jardim. Passar em testes de direção. Sucesso e conquistas.

MARROM E PRETO

Banir o mal. Interromper assédio ou bullying. Para uma transição rápida ao mudar de casa. Fortalecimento da autodisciplina, como ao mudar a alimentação ou parar de fumar.

BRANCO

Velas brancas podem ser usadas para qualquer coisa, já que o branco é uma cor neutra. Você pode substituir qualquer vela colorida por uma vela branca se não souber qual é a melhor cor para um feitiço específico ou se não tiver a cor certa em mãos.

PREPARANDO A VELA

Antes de fazer qualquer feitiço com uma vela, é importante prepará-la primeiro. Para começar, passe um pano úmido limpo na vela. Isso vai garantir que qualquer energia indesejada seja eliminada. Pegue uma faca afiada ou um alfinete e inscreva seus desejos na cera. Faça uma inscrição bem detalhada e vá até onde o comprimento da vela permitir. Pode ser difícil encaixar frases longas em um pequeno pedaço de vela, então as inscrições podem ser breves, mas deixe claro o que você deseja. Por exemplo, se eu fosse fazer um feitiço para ter sucesso na carreira, inscreveria meu nome e *Sucesso no trabalho*. Você pode achar que precisa de um pouco de prática com a faca ou o alfinete para deixar a inscrição legível (e tome cuidado para não se cortar), mas tenha certeza de que os anjos tiveram muitos éons de prática tentando decifrar esses rabiscos e vão conseguir ler quase tudo que você escrever!

ABRINDO UM FEITIÇO

Uma boa maneira de começar um feitiço é fazer o que chamamos de traçar um círculo. Depois de ter todos os itens de que precisa no altar, segure um cristal de quartzo ou sua varinha com a mão direita e fique parada em frente à sua área de trabalho por um instante. Mova o cristal ou a varinha sobre os objetos, formando um grande círculo no ar. Isso vai fechar toda a magia dentro do círculo e deixar de fora tudo que é negativo. Não há necessidade de dizer nada nesse momento. Na verdade, descobri que, se isso for feito em silêncio, o ritual é aprimorado sem acrescentar nenhum elemento confuso.

Você pode traçar um círculo antes ou depois de acender a vela, mas recomendo acender a vela depois de traçar o círculo para não correr o risco de colocar fogo nas suas roupas.

RIMAS E NÚMEROS MÁGICOS

Entoar a mesma coisa repetidamente não é uma prática incomum na maioria das religiões. Mantras repetidos colocam a mente em um estado de transe que nos ajuda a sintonizar com o poder cósmico natural ao redor. Ao seguir os feitiços deste livro, você vai notar que as instruções às vezes dizem para você recitar um encantamento sete, nove ou doze vezes. Esses números desempenham um papel importante na magia porque são muito espirituais e pensados para formar uma conexão com o poder superior de um jeito mais rápido. Quando um encantamento é repetido sete, nove ou doze vezes, funciona muito melhor.

Assim que a vela estiver preparada, você a acende e pronuncia o encantamento que escreveu nela, repetindo as palavras sete vezes, conforme mostrado a seguir. Você pode escrever o que quiser em uma vela, mas o simples feitiço "Eu desejo" contém uma magia própria. Experimentei outras palavras, como "Eu gostaria", e não tive os mesmos resultados. Voltando ao meu exemplo de querer ter sucesso na carreira e usando as palavras que inscrevi, eu diria:

Eu desejo ter sucesso no trabalho.
Eu desejo ter sucesso no trabalho.
Eu desejo ter sucesso no trabalho.
Eu desejo ter sucesso no trabalho.
Eu desejo ter sucesso no trabalho.
Eu desejo ter sucesso no trabalho.
Eu desejo ter sucesso no trabalho.

É tradicional que os feitiços rimem, como alguns poemas ou canções, embora não seja necessário: se você for boa em poesia, pode conseguir escrever seus próprios feitiços em algum momento. Um bom exemplo de feitiço rimado tradicional é este, geralmente lançado para buscar uma saúde melhor:

Com os raios mágicos da lua minha alma é abençoada,
Elimine as minhas dores e me deixe descansada.

Os feitiços deste livro informam quantas vezes você deve recitar o encantamento. Se você escrever os próprios feitiços, tente pronunciá-los sete vezes para começar. Para feitiços com encantamentos mais curtos, você pode tentar nove ou doze vezes.

CONCLUINDO UM FEITIÇO

Depois de recitar seu encantamento sobre qualquer feitiço que esteja lançando, sempre feche-o dizendo as palavras: *Que assim seja.* Algumas bruxas gostam de dizer *E assim é* ou *O feitiço está feito*, então use a frase de encerramento de sua preferência. Sempre gosto de agradecer em silêncio aos anjos também quando fecho um feitiço, e tenho certeza de que eles sorriem para mim por causa disso.

Depois de seguir esses passos e sua magia estar em andamento, deixe a vela queimar e se extinguir a menos que as instruções indiquem o contrário. Alguns feitiços exigem que você apague a chama mais cedo, mas, em geral, é melhor deixá-la quieta para fazer o trabalho dela. (Observação: Nunca deixe velas acesas sem vigilância e verifique se as chamas não estão perto de nada inflamável.)

Dica da Shawn

O tamanho da vela não é importante, mas a maioria dos rituais sugere que você deixe a vela queimar até o fim, então é melhor usar uma vela fina e curta ou uma vela de réchaud. Isso reduz o tempo de queima para apenas algumas horas, em vez de o dia todo. Para inscrever em uma vela de réchaud, use um alfinete fino e faça um texto curto.

O ritual simples das velas descrito neste capítulo funciona para quase todas as situações, e você pode realizá-lo mesmo quando não tiver muito tempo. Conforme o livro avança, vamos abordar muitos métodos diferentes de realização de feitiços, mas, por enquanto, um simples feitiço de vela com um encantamento falado vai ajudá-la a começar.

Wiccapédia

Capítulo 6

Feitiçaria Moderna: Portais Tecnológicos

Leanna Greenaway

No mundo de hoje, pode parecer estranho pensar em alguém que não tenha um celular, e deve parecer igualmente bizarro um telefone estar associado à magia e a feitiços! Portanto, algumas pessoas podem se surpreender ao saber que dispositivos e engenhocas de alta tecnologia têm um lugar muito importante como ferramentas de uma bruxa moderna.

Embora existam algumas bruxas excêntricas por aí que ainda fazem poções fumegantes em cantos remotos das florestas, elas são um tipo bem raro nos dias de hoje. Entramos na onda, e a maioria de nós tem telefones celulares. Eu me lembro de quando comprei meu primeiro celular há alguns anos; mesmo antes de descobrir como ligar para alguém, eu estava procurando maneiras de usar o dispositivo magicamente. Não demorei muito para descobrir que, ao transmitir meus desejos pela rede do celular, eu poderia transformar todos os meus desejos em realidade.

Não posso levar todo o crédito por essa nova forma de feitiço. Minha amiga de confiança e coautora, Shawn, me ajudou a testar muitas maneiras diferentes de entrelaçar esses feitiços contemporâneos e, depois de alguns meses de experiências, descobrimos como fazer o celular funcionar a nosso favor.

Tudo depende do poder e da intenção da mensagem. Sabemos, por exemplo, que, ao enviar um pensamento para o universo, podemos atrair as coisas que desejamos. Escrever feitiços com caneta e papel é um jeito rápido e fácil de conseguir o que você deseja, mas, por causa da energia que alimenta as torres de telefonia celular e a velocidade com que podemos enviar e receber textos, o envio de feitiços como mensagens de texto é um grande progresso.

Outro aspecto fácil do feitiço por mensagem é que você não precisa de velas nem de nenhum outro objeto. Tudo que você precisa é de um companheiro, de preferência que também tenha um celular e que a conheça o suficiente para saber que você não enlouqueceu! Essa pessoa não precisa ter nenhum conhecimento mágico, contanto que tenha a mente aberta e esteja ansiosa para fazer experimentos. No passado, conheci algumas bruxas que fazem esse processo sozinhas, usando dois dispositivos móveis, mas, na minha opinião, os feitiços funcionam melhor se você pedir a ajuda de outra pessoa.

MAGIA DIGITAL

Essa forma de magia funciona para qualquer situação, contanto que você mantenha os pés no chão. Como sugeri no capítulo anterior, se seu objetivo é ser a próxima vencedora do *American Idol* ou se você pretende passar o restante da vida com Brad Pitt em uma ilha deserta, você pode ficar triste e decepcionada. Faça pedidos razoáveis e você não deve ter nenhum problema. Não é tão difícil. Qualquer que seja o seu dilema ou necessidade, envie uma mensagem de texto positiva e clara e visualize o resultado. Declare de maneira muito nítida e simples exatamente o que você deseja. Por fim, sempre feche o feitiço com as palavras *Que assim seja.*

POSITIVIDADE POR TEXTO

Vou dar um exemplo de como usar a magia por mensagens de texto. Se sua amiga quer um novo emprego, envie as palavras: *Joana da Silva vai conseguir um novo emprego fabuloso em breve. Que assim seja.* Envie a mensagem de texto para o celular da Joana e diga para ela ler, mas não excluir. A mensagem não deve ser excluída até o feitiço funcionar. Muitas vezes, basta apenas uma mensagem de texto para conseguir os resultados, mas você pode enviar o mesmo texto todos os dias durante uma semana, se necessário.

Vejamos outro exemplo: se você não estiver se sentindo bem, peça a uma amiga para fazer um feitiço por texto para ajudá-la a se sentir melhor. Ela vai enviar uma mensagem de texto com seu nome e as palavras: *Fique boa logo. Que assim seja.* Mais uma vez, abra a mensagem e deixe-a no celular até seu estado de saúde melhorar.

Você pode se surpreender com a variedade de coisas que se pode alcançar usando esta forma simples e acessível de fazer feitiços! Shawn certa vez ajudou um amigo a encontrar sua alma gêmea com mensagens de texto. Ela enviou uma mensagem para o celular dele desejando que encontrasse a mulher dos seus sonhos; em duas semanas ele conheceu Elizabeth, com quem agora está casado e feliz com três filhos! E uma vez ajudei uma amiga que tinha problemas com vizinhos barulhentos. Toda noite eles tocavam música alta e davam festas estrondosas. A pobre mulher estava praticamente enlouquecendo. Ela não dormia direito havia semanas e, quanto mais reclamava com eles, mais eles aumentavam o volume dos alto-falantes. Esse tipo de desrespeito me deixa furiosa, então enviei a ela uma mensagem de texto dizendo: *Desejo que seus vizinhos se mudem em um mês, e que assim seja.* Em três semanas, as autoridades da cidade os expulsaram. Agora, uma senhora idosa simpática e quieta mora ao lado, e ela está bem contente. No entanto, como acontece com todas as coisas mágicas, alguns feitiços vão funcionar de imediato, enquanto outros podem demorar um pouco mais. Os feitiços têm seu próprio cronograma mágico. Você pode ter que repetir o feitiço durante uma semana até que seus pensamentos, desejos e vontades sejam realizados. Se você descobrir que nada aconteceu depois de um mês ou mais, repita o feitiço.

FEITIÇOS POR E-MAIL

Nos nossos primeiros dias de experimentos com magia por texto, comecei a me perguntar se os mesmos métodos de lançamento de feitiços funcionariam com computadores. Foi um pouco mais complicado, mas, depois de alguns meses, comecei a ter sucesso nos resultados. Comecei com e-mails, usando as mesmas técnicas da magia por texto. Digamos, por exemplo, que a Joana da Silva deseja conhecer o homem dos seus sonhos. Para fazer um feitiço por e-mail, abra um novo e-mail e digite "Feitiço de Amor" na linha do assunto. Em seguida, digite o feitiço sete vezes no corpo da mensagem, da seguinte maneira:

Desejo que Joana da Silva encontre a pessoa dos seus sonhos.
Desejo que Joana da Silva encontre a pessoa dos seus sonhos.
Desejo que Joana da Silva encontre a pessoa dos seus sonhos.
Desejo que Joana da Silva encontre a pessoa dos seus sonhos.
Desejo que Joana da Silva encontre a pessoa dos seus sonhos.
Desejo que Joana da Silva encontre a pessoa dos seus sonhos.
Desejo que Joana da Silva encontre a pessoa dos seus sonhos.
Que assim seja.

Envie o e-mail para a Joana e peça que ela o envie de volta quando abrir. Quando você receber, abra e envie de volta para ela. Este pingue-pongue por e-mail deve ser feito sete vezes ao todo, pois sete é um número muito significativo no mundo da bruxaria wiccana. Em sete semanas, o feitiço deve ter funcionado e ela deve estar se aconchegando com a pessoa dos seus sonhos. Não exclua os e-mails das caixas de entrada até o feitiço funcionar. Assim como acontece com as mensagens de texto, você pode enviar feitiços por e-mail para si mesma, mas eles terão mais sucesso se você enviá-los para outra pessoa. Mais uma vez, você pode usar esse método de magia para muitas situações:

* Ganhar mais dinheiro;
* Melhorar sua saúde;
* Passar em uma prova;
* Encontrar um novo emprego;
* Comprar ou vender uma casa.

Ou qualquer outra coisa que você possa sonhar. Mantenha sua intenção sincera, dê uma chance e veja o que acontece!

FEITIÇOS DURANTE A INICIALIZAÇÃO DE UM COMPUTADOR

Todos nós reconhecemos os sons que um computador faz ao ligar e carregar todos os programas que o fazem funcionar. Mas o que muita gente não sabe é que esse impulso de energia projeta uma força extraordinária. A energia gerada quando um computador é ligado chega com tanta pressa que é possível fazer um pouco de magia no tempo que leva para o computador inicializar.

A melhor maneira de aproveitar esse poder é recorrer aos métodos antigos de magia com caneta e papel. Pegue uma nota autoadesiva (Post-it) e escreva seu desejo. Assim como acontece com a magia por texto, faça um desejo claro, conciso e sincero. Cole a nota no monitor (a borda serve, se você não quiser colá-la na tela) e ligue a máquina. Deixe o post-it no lugar por dez minutos antes de tirar. Repita todos os dias durante uma semana. Curiosamente, descobri que essa forma de fazer feitiços funciona melhor se você iniciar o ritual na fase da lua cheia. As energias combinadas do computador e da lua cheia ajudam a tornar o feitiço mais dinâmico. Se você estiver desesperado e não puder esperar a fase da lua cheia, não se preocupe, o feitiço vai funcionar mesmo assim; pode demorar alguns dias a mais. Você também pode acrescentar um pouco mais de vigor ao feitiço colocando uma foto sua na sua área de trabalho. Faço isso sempre, quando preciso de alguma coisa pessoal, pois dá um impulso de energia.

Tenho a sorte de ter uma escrivaninha bem grande no escritório e reservei uma pequena parte dela para servir de altar. Fazer feitiços ao lado do computador funciona em conjunto com a eletricidade e aumenta o potencial de cada feitiço. Shawn ficou tão animada quando tentou isso que abandonou seu altar normal e o instalou permanentemente ao lado do disco rígido!

MAGIA COM MICRO-ONDAS

Vou contar outro segredinho: nós, bruxas wiccanas, não nos importamos muito com nossos caldeirões, hoje em dia. Evoluímos com o tempo e usamos micro-ondas e fornos e fogões. Qualquer feitiço que envolva preparar misturas pode ser feito no micro-ondas com facilidade. Leva menos tempo e os resultados finais são melhores, principalmente por causa das poderosas energias elétricas que as micro-ondas transmitem. Então, em vez de jogar sua pipoca no micro-ondas hoje à noite, tente fazer esses feitiços com micro-ondas para a casa e o lar. São bem simples e têm como objetivo ajudá-la a começar á fazer feitiços na cozinha.

ABENÇOE MEU ESPAÇO

Para se livrar das energias negativas na casa ou para limpar o ar depois de uma discussão acalorada, coloque duas colheres de chá de lavanda picada, uma colher de chá de tomilho picado, uma colher de chá de sal e uma xícara de água mineral em uma tigela para micro-ondas. (Observação: Sugiro água mineral porque costuma ser mais pura do que a água da torneira. A água da torneira funciona, mas os ingredientes precisam ser o mais refinados possível, sem adição de flúor. Você também pode usar água filtrada.) Misture todos os ingredientes e leve-os ao micro--ondas por um minuto. Deixe a mistura esfriar, depois acrescente sete gotas de óleo de lavanda e o suco de meio limão. Coloque a poção em uma tigela limpa e a carregue por todos os cômodos da casa ou apartamento enquanto repete estas palavras:

Doçura seja vista,
A casa está limpa.

Quando terminar, cave um buraco no jardim e esvazie a poção nele. Se você não tiver um jardim, pode enterrar o conteúdo em um vaso e deixá-lo do lado de fora. Você vai notar quase no mesmo instante que sua casa está com uma atmosfera muito melhor.

VISITANTES INDESEJADOS, VÃO EMBORA!

Esse feitiço funciona muito bem para impedir que qualquer coisa ou pessoa indesejada entre na sua casa, seja um espírito maligno ou um ex-namorado. Despeje uma xícara de água mineral em uma tigela para micro-ondas e coloque-a no aparelho por um minuto. Assim que a água ferver, repita este feitiço três vezes:

Água mágica te abençoa,
Água mágica me limpa.

Deixe a água esfriar por completo, depois coloque dois dentes de alho — com casca ou sem, o que você preferir — no líquido e deixe descansar por uma noite. No dia seguinte, escorra a água em uma tigela separada, reservando o alho. Vá até a porta da frente da sua casa e esfregue um dos dentes de alho na moldura da porta. Polvilhe algumas gotas da água mágica no chão de dentro logo depois da porta. Quando terminar, jogue a poção na pia e repita as palavras do feitiço três vezes. Jogue fora os restos de alho.

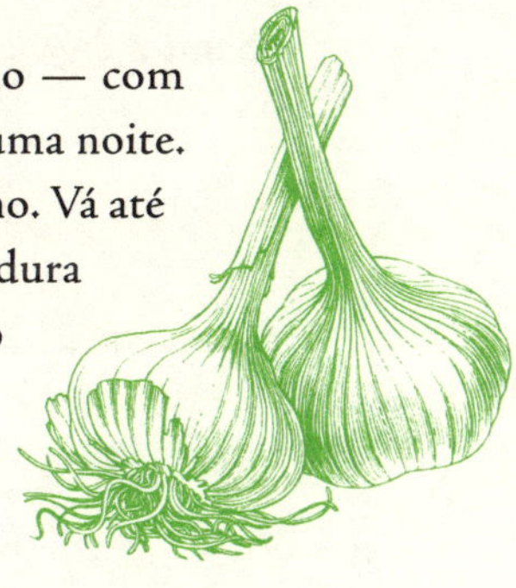

PARA ACABAR COM O VÍCIO EM COMPUTADOR

Esse feitiço é maravilhoso se você tem um cônjuge ou filho viciado em jogos de computador ou em navegar pela internet. Na fase da lua nova, pegue três velas vermelhas e acenda-as em algum lugar da cozinha. Em seguida, pique um punhado de hortelã fresca e coloque em uma tigela para micro-ondas. Adicione a casca e o suco de um limão (para estimular a mente e os sentidos) e misture em um copo de água mineral. Aqueça a mistura no micro-ondas por um minuto. Tire a tigela do micro-ondas e coloque-a ao lado das velas. Deixe esfriar por meia hora. Depois que a poção esfriar, pegue um pedaço de cristal de quartzo e coloque-o na tigela. Diga este feitiço três vezes, mudando "ele" para "ela" dependendo da pessoa:

Aroma cítrico aromático
Ocupe com boas intenções este espaço.
Desperte os sentidos, inspire a mente,
Que novos horizontes ele encontre.

Depois de dizer o feitiço três vezes, feche da maneira de sempre, dizendo:

Que assim seja.

Deixe as velas queimarem até o fim, mas deixe a tigela em algum lugar perto do computador ou no quarto da pessoa durante dois dias. Esta poção mágica vai estimular a mente e aumentar os sentidos da pessoa e a fará querer explorar melhor a vida e o ambiente ao redor.

PARA BANIR SENTIMENTOS DE SOLIDÃO

Na fase da lua nova, faça uma xícara de chá de camomila e, enquanto estiver quente, acrescente três cravos-da-índia. Deixe o chá esfriar por completo. Em uma vela amarela, inscreva seu nome e as palavras: *Para banir sentimentos de solidão.* Acenda a vela, coloque o chá no micro-ondas e o aqueça por um minuto. Enquanto a poção está cozinhando, diga este encantamento nove vezes:

Serei forte na minha solidão.
Os dias são rápidos e as noites não serão longas.

Depois de recitar o feitiço, feche-o dizendo:

Que assim seja.

Deixe a vela queimar até o fim e, quando o chá mágico esfriar, borrife algumas gotas do lado de fora da porta da frente e, se houver, da porta dos fundos. Esse é um feitiço adorável para fazer se seu parceiro estiver viajando muito a trabalho ou trabalhar longe, e pode ser repetido toda vez que você sentir uma pontada de solidão.

A MAGIA MODERNIZADA

As bruxas do passado tinham que esperar semanas para que os feitiços funcionassem, mas agora podemos aproveitar a energia adicional dos celulares e computadores para aumentar o poder dos nossos pensamentos ou colocar uma mistura no micro-ondas e realizar o feitiço. Acho que o fato de podermos usar esses dispositivos ultraconvenientes é a prova definitiva de como a magia muda com o tempo. Essa é uma boa notícia para as bruxas que estão começando e uma ótima notícia para quem deseja ver a bruxaria prosperar no futuro.

Dica da Shawn

Envie estas palavras para o seu celular: *Desejo passar o restante da vida em uma ilha deserta com o Brad Pitt, e que assim seja*. (Desculpe, Leanna.) Aperte o botão de enviar. Não há nada de errado em mirar alto, você nunca sabe, vai que desta vez o universo escuta!

Agora, falando sério: todos conectamos os celulares a carregadores à noite para recarregá-los, mas por que não tentar um pouco de carga mágica também? Desenhe o símbolo de um pentagrama em uma folha de papel A4, coloque o telefone no centro da estrela e deixe-o ali durante a noite. Isso vai deixar seu telefone cheio de energia positiva. Faça isso uma vez por mês.

WICCAPÉDIA

CAPÍTULO 7

CAIXINHAS DE DESEJOS E ERVAS MÁGICAS

LEANNA GREENAWAY

Criar caixinhas de desejos é um jeito adorável de fazer magias para atender aos desejos do seu coração. Quando você combina muitos objetos e, em seguida, faz um feitiço sobre eles, você está fundindo os poderes coletivos desses objetos e realizando um ritual mais intenso. Uma caixinha de desejos pode ter qualquer formato ou tamanho. Gosto de usar as caixas sofisticadas que costumamos comprar quando queremos dar um presente especial a alguém, mas uma simples caixa de sapatos é suficiente. O importante é decorá-la lindamente: você pode cobri-la com um papel de embrulho bonito ou, se for criativa, pode fazer um desenho ou uma pintura na parte externa. Quando a caixa estiver pronta para usar, você pode colocar todos os itens necessários ali dentro para tornar seu feitiço mais eficaz.

Bolsinhas ou sachês geralmente são menores e consistem em um pedaço de tecido mais ou menos do tamanho de um lenço para guardar os itens. Depois de colocar os objetos ali dentro, a bolsinha é amarrada na parte superior com uma fita. Você pode carregá-la consigo ou pendurá-la sobre uma porta ou cama, dependendo da finalidade a que se destina.

A tradição é preencher as caixas e as bolsinhas com ervas ou especiarias. Muitas ervas e especiarias têm propriedades mágicas singulares e, quando usadas em conjunto com um feitiço, podem tornar o ritual mais eficaz e potente. Para saber as substâncias certas a usar, é importante manter no seu Livro das Sombras uma lista delas e o que influenciam. A seguir, você vai encontrar uma lista das ervas e especiarias mais usadas na magia. Ervas frescas são melhores, mas as secas são aceitáveis se você não tiver acesso às frescas. Você pode picar as ervas antes de colocá-las no recipiente ou mantê-las inteiras; pode até amarrar o caule das ervas em feixes e pendurá-los sem usar uma caixa ou uma bolsinha. Quando as misturas exigirem mais de um elemento, você pode aumentar a eficiência deles misturando-os antes de colocá-los no recipiente. Pode ser criativa, mas faça a mistura correta de ervas ou temperos para o seu feitiço. Você pode usar a lista a seguir para ter certeza de que está escolhendo as ervas certas e depois misturá-las de acordo com seu desejo específico. Por exemplo, se quiser engravidar, você pode combinar manjericão (para bebês) e urze (para dar sorte).

ALECRIM

Provavelmente uma das ervas mais usadas na Wicca, o alecrim é bom para a alma e é tratado como um poderoso limpador. Use para abençoar a casa ou misture com hortelã para preparar um espaço mágico para fazer um feitiço.

ALHO

Duvido que você faça amizade com vampiros, mas, se acontecer de você encontrar um em suas viagens, o alho funciona como uma grande fonte de proteção. Pendure cabeças de alho nas portas para afastar o mal ou coloque sal de alho em bolsinhas e sachês para afastar vibrações ruins.

ANGÉLICA

O nome entrega tudo: é maravilhosa para invocar anjos e pedir proteção. Pendure uma bolsinha com essa erva na cozinha para abençoar a casa.

ARTEMÍSIA

Uso artemísia em quase todos os feitiços que lanço, porque ela melhora o desempenho do feitiço e acrescenta um pouco mais de poder a ele. Melhor usada para catoptromancia, divinação e sonhos proféticos.

CAMOMILA

Se você tem pesadelos ou insônia, espalhe uma pequena quantidade de camomila no chão do seu quarto. Isso vai induzir o sono e garantir que seus sonhos sejam doces. Fiz bolsinhas de camomila e as coloquei embaixo dos berços dos meus filhos quando eram pequenos para ajudá-los a dormir a noite toda.

CASCA DE CARVALHO

Todo mundo passa por momentos na vida em que precisa de um pouco mais de força física ou emocional. Use um pedacinho de casca de carvalho em uma bolsinha ou caixa para aumentar seu nível de energia e coloque um ramo no degrau.

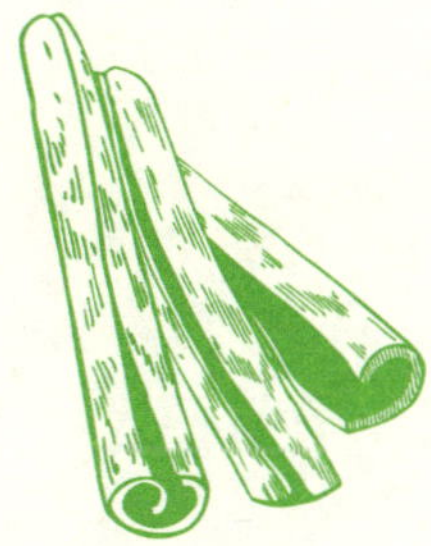

CASCA OU PÓ DE CANELA

Uma erva muito poderosa, a canela é fantástica para aumentar sua habilidade psíquica ou ajudar em feitiços de cura. Para atrair riqueza, carregue um pauzinho de canela ou uma bolsinha com pó na carteira.

CEBOLINHA

Amarre um maço de cebolinhas sobre a porta da frente para impedir a entrada de espíritos indesejados ou corte algumas e coloque-as em um bolsinha para banir uma pessoa que seja negativa ou prejudicial em sua vida.

CRAVO

Se estiver de luto, o cravo vai lhe dar consolo. Para ajudar a atrair sua alma gêmea, enfie vinte cravos em uma laranja inteira e coloque-a dentro de uma caixa de desejos.

ENDRO

Quando um bebê nascer, encha uma bolsinha com endro recém-picado e pendure-a sobre a porta do quarto do bebê. Isso vai garantir que a criança esteja protegida e que vai ter sucesso acadêmico quando crescer. Misture com lavanda e flores de sabugueiro para atrair romance.

EQUINÁCEA

Brilhante para afastar resfriados e gripes, então use em todos os feitiços de cura para dar um pouco mais de vigor. As flores de equinácea podem ser usadas em uma bolsinha para melhorar a meditação ou espalhadas no altar em rituais de dinheiro.

ERVA-DE-SÃO-JOÃO

Em termos mágicos, essa erva é uma proteção maravilhosa contra o fogo. Elimine fantasmas e demônios pendurando uma bolsinha de erva-de-são--joão em um ponto alto da casa. Ela também promove a visão mediúnica e ajuda a prever o futuro.

ERVA-DE-GATO (CATNIP)

Leve erva-de-gato na bolsa para atrair amor e popularidade ou para ter segurança quando estiver viajando. As bruxas wiccanas costumam dar erva-de-gato para os amigos como forma de selar a amizade e garantir que ela seja duradoura. (Consulte "Sementes de papoula" para conhecer outra maneira de usar a erva-de-gato.)

FOLHA DE CONFREI

Pique folhas frescas de confrei para ter proteção durante uma viagem; elas também podem ajudar a controlar os gastos. Boa para usar em feitiços calmantes ou para conseguir um emprego novo.

FOLHA DE EUCALIPTO

Se a casa estiver pesada ou as crianças estiverem sempre brigando, use folhas de eucalipto para acalmar as energias perturbadoras. Também é excelente quando usado com sálvia para evitar doenças.

FOLHA OU RAIZ DE DENTE-DE-LEÃO

Para saúde e bem-estar, separe as pétalas de algumas flores e carregue-as consigo por uma semana. Para invocar espíritos e ajudar na divinação, coloque a raiz na sua caixa de desejos.

FRUTOS E FLORES DE SABUGUEIRO

Encha uma bolsinha bonita com flor de sabugueiro seca e dê a uma noiva no dia do casamento para que ela fique protegida e feliz no relacionamento. O sabugueiro é ótimo para qualquer propósito romântico e funciona muito bem se for usado em conjunto com pétalas de rosa.

HORTELÃ

Dizem que os anjos e os espíritos adoram o cheiro da hortelã, por isso, para estimulá-los a entrarem na sua vida, cultive hortelã no jardim e corte alguns ramos de vez em quando para levar para dentro de casa.

LAVANDA

A lavanda é muito incorporada no lançamento de feitiços e tem muitos usos; o principal é dar uma sensação de calma às situações e promover um sono tranquilo. Para atrair um parceiro, carregue um pouco de lavanda e um cristal de ametista. Eles se complementam e reforçam qualquer feitiço de amor.

LOURO

Pegue um punhado de folhas de louro e coloque-as dentro de uma caixa de desejos para eliminar maldições. Você também pode dormir com uma bolsinha de louro embaixo do travesseiro para facilitar os sonhos lúcidos.

MANDRÁGORA

Mandrágora é considerada um poderoso talismã desde os tempos bíblicos. É usada há muito tempo na feitiçaria para prevenir qualquer tipo de infortúnio. Se você teve uma onda de azar, pendure uma bolsinha de mandrágora na área de estar da sua casa e ela vai absorver a negatividade, deixando tudo neutro de novo. Se for colocada no seu altar, vai reforçar seus trabalhos mágicos e dar mais poder aos seus feitiços.

MANJERICÃO

Se estiver tentando engravidar, surpreenda seu parceiro: pendure um maço sobre a cama e faça amor sob ele todas as noites durante duas semanas. O manjericão também costuma ser usado em conjunto com rituais de dinheiro para ajudar a aumentar a renda.

MATRICÁRIA

Essa erva é conhecida por curar dores de cabeça, mas também é benéfica para clarear a mente se você tiver decisões para tomar. A melhor matricária mágica é cultivada ao ar livre, mas um alerta: plante-a em um vaso, pois ela pode se espalhar rapidamente pelo jardim se não estiver contida.

SÁLVIA

Essa erva promove sabedoria e conhecimento, por isso é útil usá-la quando for fazer uma prova ou um teste de direção. Os nativos americanos usam bastões feitos de sálvia branca para purificar os ambientes, e as bruxas adotaram esse método para afastar as vibrações ruins. Pode-se usar sálvia branca ou comum.

SEMENTES DE PAPOULA

São ótimas para feitiços de amor e fertilidade e perfeitas para bolsinhas. Durante a fase da lua cheia, pegue cerca de uma colher de chá de sementes de papoula embaladas e coloque-as em um sachê com uma colher de chá de erva-de-gato.

URTIGA

Se a sua casa for mal-assombrada, as urtigas vão expulsar os espíritos indesejados ou desviar toda e qualquer maldição. Misture a urtiga com a mandrágora com cuidado para deixá-la mais poderosa — mas use luvas, porque a urtiga pinica quando entra em contato com a pele.

URZE

A urze é uma erva que dá muita sorte se tivermos em casa e, quando é pendurada na janela, dizem que dá boa sorte para as pessoas que moram nela. Se você se sentir inseguro ou se quiser tentar alguma coisa arriscada, como bungee jumping ou paraquedismo, carregue alguns ramos consigo para ter uma proteção automática.

VALERIANA

Valeriana fresca não é uma erva fácil de conseguir, mas é possível comprar pela internet. Em alguns países, a valeriana só está disponível na forma de raiz em pó, vendida em cápsulas em lojas de produtos naturais; você pode usar esse tipo como alternativa se for difícil encontrar as folhas. Colocada em uma caixa de desejos, a valeriana pode aliviar tensões e discussões. Feitiços para animais também se beneficiam da valeriana, então, se você tiver problemas com um animal de estimação, coloque um pouco de valeriana no altar.

VERBENA

Faça sua carteira estourar de dinheiro carregando verbena em um sachê o tempo todo. A verbena também é boa para incrementar um negócio ou para tentar uma promoção ou um novo emprego.

VISCO

Por tradição, o visco era usado para estimular o amor e a fertilidade, mas também tem outras qualidades. Para se distanciar de pessoas irritantes, separe os frutos do caule e seque-os antes de colocá-los em uma caixa de desejos ou sachê. Também atua na prevenção de doenças.

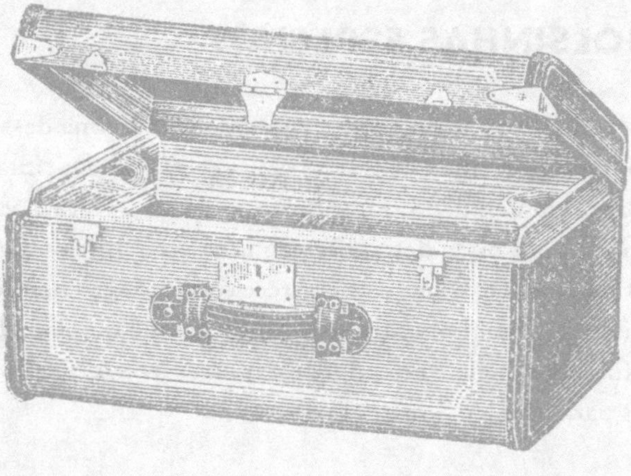

CONFECCIONANDO A CAIXA MÁGICA

Ao criar qualquer caixa mágica, é essencial anotar exatamente o que deseja em um pedaço de papel branco sem nada escrito. Por exemplo, se quiser dar uma caixa de desejos a um casal recém-casado, escreva alguma coisa do tipo: *Desejo que esta união seja repleta de felicidade, amor e longevidade. Que assim seja.* Dobre o papel ao meio e depois ao meio de novo e coloque-o dentro da caixa ou bolsinha.

Não importa se você vai deixar as ervas na forma original de ramos ou se vai cortá-las. Basta colocar a seleção de ervas dentro da caixa junto com o papel dobrado e fechar a tampa. Se você estiver usando uma bolsinha, feche-a com firmeza amarrando a parte superior com uma fita ou apertando bem o cordão. Depois que a caixa ou bolsinha estiver cheia e lacrada, é importante energizar seu conteúdo. Em uma noite clara (evitando o período escuro da lua), deixe a caixa ou o sachê ao ar livre para absorver os raios da lua. Na manhã seguinte, leve para dentro de casa e coloque no altar. Acenda uma vela branca e diga a seguinte invocação nove vezes:

Meu pacote mágico está energizado pela lua,
Os desejos serão atendidos em breve.

Deixe a vela queimar por uma hora antes de apagá-la. Em seguida, coloque a caixa em um local seguro, pendure a bolsinha ou carregue-a consigo. Depois que o desejo for atendido, não há necessidade de descartar a caixa ou bolsinha. Você pode usá-la de novo no futuro.

CAIXAS E BOLSINHAS ESPECIAIS

Seja qual for a sua vontade ou o seu desejo, você pode fazer uma dessas caixas ou bolsinhas mágicas com muita facilidade. Use as ervas certas para a situação em questão. Muitas ervas são boas para ajudar a tratar uma variedade de situações, então teste alguns tipos diferentes. Você pode descobrir que uma erva funciona melhor para você do que outra. Siga sua intuição e faça o que parece certo no seu coração. Registre os resultados no seu Livro das Sombras para se lembrar do que funciona bem e o que precisa de um ajuste fino. No início, você pode testar essas "receitas" de bolsinhas e caixas de desejos prontas para usar.

A BOLSINHA DO AMOR

Se quiser atrair um novo parceiro, pegue um grande lenço branco e, no centro, coloque uma agulha com linha de algodão vermelha, uma conchinha, uma colher de chá de sementes de papoula e um pouco de lavanda picada. Em um pedacinho de papel, escreva seu nome e as palavras: *Para atrair um amante novo e legal.* Junte os quatro cantos e amarre a bolsinha com uma fita vermelha. Esguiche seu perfume preferido na bolsinha e a energize sob a lua. Leve a bolsinha do amor consigo toda vez que sair, e aquele belo desconhecido vai aparecer muito em breve.

A BOLSINHA DO DINHEIRO

Para melhorar as finanças, pegue um pedaço de tecido verde do tamanho de um lenço e, no centro, coloque três moedas (qualquer moeda funciona), um pequeno ímã e um punhado de manjericão picado ou seco. Escreva em um pedaço de papel seu nome e as palavras *Sorte no dinheiro* ou a quantidade exata de dinheiro de que precisa. Junte os cantos e amarre com uma fita verde. Energize a bolsinha e pendure-a em algum lugar da cozinha. Pequenas quantias de dinheiro devem começar a aparecer em alguns dias.

BOLSINHA PARA BANIR INIMIGOS

Se quiser tirar alguém da sua vida para sempre, pegue um pedaço de pano branco e coloque no centro um punhado de sálvia fresca ou seca, uma colher de chá de artemísia e uma cabeça inteira de alho. Escreva em um pedaço de papel o nome da pessoa de quem deseja se livrar e a palavra *Banir.* Junte os cantos e amarre a bolsinha com uma fita roxa. Energize a bolsinha e pendure-a sobre a porta da frente. Para garantir que a pessoa nunca mais vai aparecer, você pode fazer três dessas bolsinhas e pendurá-las pela casa.

CAIXA DE DESEJOS PARA TER UMA BOA SAÚDE

Se estiver se sentindo mal ou alguém que você conhece fez uma cirurgia, você pode criar uma caixa para dissipar todas as doenças e fazer você ou seu amigo se sentir muito melhor. Pegue sua caixa decorada e coloque uma fotografia da pessoa doente, junto a três ramos de alecrim, um pedaço de casca de carvalho e um cristal de ametista pequeno. Escreva o nome da pessoa que está sofrendo em um pedaço de papel e, em seguida, escreva sete vezes as palavras *Com este feitiço, eu/ele/ela vai ficar bem.* Dobre o papel ao meio duas vezes e coloque-o na caixa. Tampe-a e a energize durante a noite. Se a caixa de desejos for para outra pessoa, dê a caixa a essa pessoa no mesmo dia e diga para guardá-la em um lugar seguro até que se sinta melhor.

Dica da Shawn

Gosto de colocar uma bolsinha de hortelã seca dentro da minha fronha à noite. É ótimo para meditar e me ajuda a limpar a mente. Você também pode misturá-la com lavanda para ter um sono reparador.

WICCAPÉDIA

CAPÍTULO 8

O PODER DOS CRISTAIS: VIBRAÇÕES POSITIVAS

LEANNA GREENAWAY

As bruxas wiccanas sempre levam cristais e, se você passear pelos jardins delas, muitas vezes vai encontrar uma ametista piscando para você em um canteiro de repolho, ou talvez haja uma lasca de quartzo aninhada em algum lugar sob um arbusto. Como os cristais têm propriedades únicas de condutividade e frequência elétrica, eles são usados em tudo, desde rádios a relógios de pulso e computadores. Os wiccanos valorizam os cristais porque são maravilhosos para transformar auras negativas em positivas e ajudam a limpar as energias destrutivas da nossa casa e do nosso jardim. Existem tantos tipos de cristais no mundo que é impossível listar todos aqui. Se quiser aprender mais sobre cristais, existem inúmeros livros e sites por aí, mas, por enquanto, listei as nove pedras mais comuns que as bruxas wiccanas tendem a usar todo dia. Elas não são usadas só como joias, mas muitas vezes são colocadas no altar para dar apoio a um feitiço. Você pode usar um cristal ou pedra de qualquer tamanho em um feitiço; os resultados são os mesmos.

AMETISTA

Esse cristal roxo lavanda tem uma vibração suave e pode ser usado para curar ou ajudar a acalmar o estresse e os nervos. Quando alguém não está bem, a ametista pode ser colocada perto da pessoa doente ou usada junto à pele. Depois de usar o cristal por uma semana, é melhor lavar a pedra em água morna todas as noites durante sete dias e depois deixá-la secar durante a noite. Quando o processo de cura estiver concluído, deixe o cristal no jardim durante a noite na lua cheia ou na lua nova, pois isso vai recarregá-lo.

Dica da Leanna

Você deve lavar seus cristais uma vez por semana, mais ou menos. Os cristais podem absorver as energias ao seu redor, então, assim como precisamos nos lavar para ficarmos limpos, você precisa lavar seus cristais. Você pode colocá-los no seu banho (para serem limpos das energias externas e infundidos com as suas) ou mergulhá-los em uma tigela de água.

USO DA AMETISTA PARA A CURA

Aqui está outra maneira de usar a ametista se você não estiver se sentindo bem: retire as cobertas da cama e coloque um pedacinho de ametista em cada canto. Suba na cama e se cubra, tomando cuidado para não deslocar as ametistas. Deite-se de costas, feche os olhos e visualize as energias curativas dos cristais irradiando dos cantos do colchão. Se puder, tente tirar um cochilo; quando acordar, os cristais a terão energizado. Na hora de dormir, tire os cristais e coloque-os embaixo do travesseiro. Repita isso até se sentir melhor.

CITRINO

O "quartzo do aconchego", como costuma ser chamado, carrega a energia e as cores do sol. É uma pedra harmonizadora que pode fazê-la se sentir em paz com o mundo. Se estiver solitária, segure um pedaço de citrino e sinta a energia do amor entrar na sua alma. Se estiver zangada com alguém e quiser desabafar, o citrino vai acalmá-la. Quando as bruxas wiccanas querem um pouco mais de energia financeira, elas usam citrino em conjunto com feitiços de dinheiro. Essa é a pedra da abundância, da boa sorte e da inspiração, por isso, mantenha um pedaço consigo o tempo todo e você nunca terá que se preocupar em pagar as contas!

USO DO CITRINO PARA MELHORAR O FLUXO DE DINHEIRO

Convide o dinheiro para entrar na sua vida construindo um altar e colocando seu extrato bancário ou talão de cheques, sua carteira e algumas moedas ao lado de uma vela verde acesa. Pegue um citrino e coloque-o em cima da carteira. Escreva as palavras *Sorte com o dinheiro* em um pedacinho de papel e deixe ao lado do extrato bancário. Depois que a vela se extinguir, deixe tudo intacto por nove horas e, em seguida, coloque o cristal e o pedaço de papel dentro da carteira. Em algumas semanas, você vai perceber que seu saldo bancário está muito mais saudável.

HEMATITA

Esse mineral brilhante preto, cinza ardósia ou vermelho prateado é usado para dar segurança durante uma viagem astral e para aterrá-la quando seu espírito retornar ao corpo. Esse cristal é muito bom para pessoas com problemas circulatórios ou anemia. Também é excelente para a memória e estímulo mental, então as bruxas wiccanas usam a hematita quando executam feitiços que podem ser difíceis ou longos. Se você foi bruxa em uma vida anterior, usar a hematita pode fazê-la conseguir acessar uma existência prévia e reunir alguns dos antigos feitiços e poções que usou no passado.

USO DA HEMATITA PARA REDESCOBRIR VIDAS PASSADAS

Em um dia chuvoso, deixe um pedaço de hematita ao ar livre por algumas horas. Isso vai aumentar o poder do cristal e limpá-lo, deixando-o pronto para o uso. Nessa noite, carregue ou use a pedra, permitindo que ela se sintonize com a sua vibração. Na hora de dormir, segure-a. Ao adormecer, peça aos anjos, guias ou deuses para abrirem sua mente e permitirem que você dê uma olhada na sua existência passada. Você pode ter uma visão ou um sonho com outra vida.

LÁPIS-LAZÚLI

Essa rica pedra azul foi valorizada em toda a história, desde os faraós egípcios e os reis da Babilônia até os pintores da Renascença, que moeram o precioso material para criar um pigmento azul-marinho vibrante. O lápis-lazúli ainda é muito estimado pelas bruxas wiccanas e respeitamos muito sua poderosa energia. Ele afasta vibrações negativas e, se usado na hora de dormir, pode proporcionar sonhos lúcidos com outras vidas e ligações com almas gêmeas que podem não ter reencarnado neste momento e que decidiram permanecer no mundo espiritual. O lápis-lazúli alivia enxaquecas e problemas de garganta e também ajuda em infecções de ouvido. Mas seu principal efeito é gerar um conhecimento interno de outros mundos. Se estiver procurando melhorar suas habilidades psíquicas, sempre use essa pedra em forma de joia, seus insights vão se desenvolver naturalmente.

USO DO LÁPIS-LAZÚLI PARA AUMENTAR A SABEDORIA

Se você quiser se tornar mais intuitivo ou desejar desenvolver suas habilidades psíquicas, compre um colar de lápis-lazúli ou um par de brincos (porque eles vão ficar perto dos chacras da cabeça e, assim, vão funcionar melhor do que uma pulseira ou um anel) e não deixe ninguém além de você usar seu lápis-lazúli. Na lua cheia, energize e abençoe a joia deixando-a ao ar livre em uma tigela de água salgada durante a noite. Na manhã seguinte, seque-a, coloque-a no altar e acenda uma vela roxa ao lado dela. Recite este feitiço três vezes:

Minha sabedoria interior como o sol brilha,
Todas as minhas visões começaram na vida,
Eu agora vejo o que antes não via,
Percebo mais a cada dia.

Depois de recitar o feitiço três vezes, diga:

Que assim seja.

Deixe a vela queimar até o fim e se apagar sozinha. Em seguida, coloque a joia e não a tire durante uma semana. Seus instintos estarão muito mais aguçados e seus sonhos estarão mais lúcidos.

MOLDAVITA

Embora não haja prova absoluta, essa rara e preciosa gema de vidro natural, de cor verde-garrafa, é considerada extraterrestre, formada a partir do impacto de um meteorito. Como há uma fonte pequena e finita de moldavita na Europa Central, ela é muito procurada e cara. Você vai precisar estar bem aterrada para usar essa pedra, porque o poder dela pode oprimir os indivíduos mais sensíveis com muita facilidade. Uso moldavita com frequência para aumentar minha habilidade psíquica ou para me conectar com meus guias em sonhos.

USO DA MOLDAVITA PARA MELHORAR SEUS DONS PSÍQUICOS

Sente-se em silêncio em uma sala sem ruídos e sem bagunça e segure um pedaço de moldavita na mão esquerda (mais perto do coração). Feche os olhos e se concentre na sensação do cristal na palma da mão. Se a pedra puder ajudá-la, você vai começar a sentir os dedos latejarem. Nesse ponto, guarde a pedra no bolso ou, se for uma joia, coloque-a. Você vai começar a receber premonições em algumas horas. Elas podem aparecer como visões imaginárias ou sonhos significativos. Anote tudo.

PEDRA DA LUA

Conectada à lua e suas fases lunares, a pedra da lua é um cristal muito místico. Ela tem profundidade e translucidez e é usada para estimular premonições durante os sonhos. Quando praticar tarô ou divinação com folhas de chá, você pode usar brincos e anéis de pedra da lua para aumentar seus poderes psíquicos. Esse é um cristal muito feminino, ligado aos órgãos reprodutivos, ao ciclo menstrual e aos hormônios femininos. Também pode ser útil para ajudar a restaurar qualquer pessoa que esteja em choque, ou para acalmar energias voláteis. Eu usava esse cristal no meu primeiro filho para relaxá-lo quando ele era mais novo (veja as instruções a seguir).

USO DA PEDRA DA LUA PARA ACALMAR UMA CRIANÇA

Coloque uma fotografia do seu filho no altar. Ao lado da fotografia, acenda uma vela. Coloque uma pedra da lua em cima da fotografia e diga este feitiço três vezes:

Deixe a fúria em seu coração diminuir,
Acalme sua alma.
Faça a magia ao redor desta criança agir,
Deixe seu espírito suave e calmo.

Depois de dizer o feitiço três vezes, feche-o dizendo:

Que assim seja.

Deixe a vela queimar e, em seguida, tire o cristal e coloque-o em uma prateleira alta da casa. Seu filho deve se acalmar e ficar muito mais doce em alguns dias.

QUARTZO BRANCO

O quartzo é um dos minerais mais comuns da Terra, mas é considerado uma parte essencial da coleção de cristais de uma bruxa. É uma pedra polivalente que pode ser incluída em quase todos os feitiços para gerar um resultado positivo. O quartzo é excelente para equilibrar emoções, ainda mais se você estiver tentando curar sentimentos dolorosos, como abuso infantil, ou se tiver problemas de autoestima. Esse cristal amplifica os desejos mágicos e dá mais poder para todo e qualquer feitiço. Use-o para entrar em contato com uma consciência superior e para se manter em contato com o seu lado espiritual.

USO DO QUARTZO PARA ALIVIAR A INFELICIDADE

Se estiver se sentindo mal ou não conseguir se livrar da tristeza, experimente esse feitiço simples para levantar o ânimo. Durante a fase da lua nova, pegue um quartzo branco e coloque-o sobre uma camada de sal marinho em um pratinho ou uma tigela. Acenda uma vela branca ao lado dele e diga o seguinte feitiço nove vezes:

Sentimentos dolorosos me deixem,
Traga alegria e prazer rapidamente.
Os anjos curam meu sofrimento,
Iluminem meu coração com velocidade.

Depois de dizer o feitiço nove vezes, feche-o dizendo:

Que assim seja.

Deixe a vela queimar por uma hora antes de apagá-la. Repita todos os dias até a vela se extinguir.

QUARTZO ROSA

Rosa claro e relacionado a todas as coisas românticas, o quartzo rosa adoça o humor e proporciona uma influência calmante para noivas e noivos nervosos. As bruxas wiccanas o usam para atrair uma pessoa amada para si mesmas. Quando uma bruxa é casada, ela geralmente carrega uma varinha com essa pedra presa em algum lugar na barra de seu vestido (veja o capítulo 11, "*Handfasting* ou união das mãos").

USO DO QUARTZO ROSA PARA ALIVIAR O NERVOSISMO

Se estiver se sentindo nervoso, saia em um dia seco com uma xícara de sal para um lugar onde não será incomodado. Espalhe o sal em um grande círculo ao seu redor e coloque o quartzo rosa no centro. Gire três vezes no mesmo local e olhe para o céu. Em silêncio, peça aos anjos para abençoarem a pedra com energias calmas. Em seguida, prossiga com seu trabalho habitual e pegue o cristal à noite. Carregue-o no bolso ou consigo o tempo todo. Se tiver um ataque de nervos muito forte, fique dentro do círculo de sal e peça de novo que anjos a acalmem.

TURQUESA

A turquesa é usada principalmente para afastar o mau-olhado ou se proteger de pessoas ou influências negativas. Se você se sentir ameaçado de alguma forma, deve usar a turquesa como amuleto. Ela também pode purificar o ar ao seu redor e limpar a bagunça espiritual pesada. A turquesa é boa para usar se você tiver se mudado para uma nova casa, para equilibrar as energias e limpar toda a negatividade deixada pelos habitantes anteriores. Muitas vezes carrego comigo uma turquesa como medida de proteção quando estou viajando. É um cristal muito poderoso e obrigatório na coleção de uma bruxa.

USO DA TURQUESA PARA TER PROTEÇÃO AO VIAJAR

Se você tiver jeito com a agulha, pegue uma turquesa e costure na bainha da sua calça ou saia. Isso vai criar um campo de força protetora ao seu redor. Você também pode colocar uma turquesa no compartimento com zíper da bolsa ou no bolso interno do casaco. Recarregue a turquesa a cada três semanas colocando-a na água enquanto estiver tomando banho.

Dica da Shawn

Você provavelmente vai adquirir muitos tipos diferentes de cristais e pedras com o tempo, e cada um tem seu lugar quando usado de acordo com a magia. Quando os cristais não estiverem em uso, respeite-os. Guarde-os em uma caixa especial forrada de veludo ou em outro recipiente luxuoso. Seus cristais vão funcionar por toda a vida, portanto, mantenha-os seguros e bem tratados e eles nunca vão decepcioná-la.

WICCAPÉDIA

CAPÍTULO 9

COMPANHEIROS DAS BRUXAS: CRIATURAS MÁGICAS

LEANNA GREENAWAY

Se você é uma pessoa meio bruxa, seria muito incomum *não* amar os animais. A maioria das bruxas tem uma afinidade com todas as coisas vivas e ama muito a natureza. Na última contagem, eu tinha quatro gatos, três cachorros, um bando de galinhas e um sapo. Ok, talvez você não seja tão louca por animais quanto eu, mas uma verdadeira bruxa se esforça para ter pelo menos uma criatura como companhia na vida. Não apenas amamos nossos animais de estimação, mas também entendemos a importância do reino animal em geral. Acreditamos que toda criatura, desde uma minúscula formiga até um corpulento hipopótamo, é tão importante quanto nós, meros seres humanos, ou até mais.

Nossos animais não têm a capacidade de dizer quando estão doentes, com medo ou infelizes. Portanto, devemos tentar nos sintonizar com a vibração dos bichinhos e cuidar deles, garantindo que sejam bem tratados e que nunca sofram nenhum tipo de abuso. Isso significa que precisamos demonstrar paciência e bondade e o máximo respeito pelos animais na nossa vida.

Neste capítulo, você vai descobrir as significativas características mágicas dos pássaros, animais e insetos que uma bruxa deve conhecer e ter consciência para saber quando a natureza está tentando enviar mensagens importantes.

Onívora ou vegetariana?

Embora alguns wiccanos se tornem vegetarianos, muitas bruxas acreditam que os ciclos da natureza criam um equilíbrio e uma harmonia no planeta, por isso comer carne é tranquilo, desde que seja morta e preparada de um jeito humano. Eu nunca consideraria comer qualquer carne que não fosse caipira ou orgânica, mas sei que nem todos podem pagar por esses luxos.

AMIGOS COM PENAS

MELRO

Nos círculos wiccanos, os melros são muito apreciados, pois são considerados muito espirituais. Quando você vir um melro cantando só para você e olhando bem nos olhos, saia correndo e compre uma roupa íntima sexy, pois o amor está indo na sua direção.

CHAPIM-AZUL

O chapim-azul é um passarinho que proporciona alegria e notícias de nascimentos e casamentos. Se esses pássaros visitarem seu jardim, tudo vai crescer em abundância. Se vir um chapim-azul desalinhado e sujo no seu alimentador de pássaros (talvez ele esteja velho, desgrenhado e com o prazo de validade vencido), mande um beijo para o bichinho, e ele vai viver por mais um ano.

CORVO

O sábio corvo é atraído por pessoas espirituais. Bruxas e corvos andam juntos como abelhas e mel. Se você jogar um pouco de milho no quintal, um corvo provavelmente vai comê-lo e pode ficar rondando a sua casa (se você morar no Hemisfério Norte). Eles são muito inteligentes; alguns cientistas que estudam corvos descobriram incríveis habilidades de fabricação de ferramentas e resolução de problemas nessas aves. Na Inglaterra, somos muito supersticiosos em relação aos corvos e, embora os pássaros sejam considerados pragas barulhentas por alguns, os wiccanos têm os corvos em alta conta como mensageiros espirituais. É comum ver um corvo retratado em ilustrações de cartas de tarô, às vezes empoleirado no ombro de uma bruxa.

CUCO

Quando você ouvir o primeiro cuco na primavera, faça um pedido rapidamente e ele será atendido. Esse pássaro esquivo traz boa sorte, e vê-lo significa que em breve você será muito próspera.

TENTILHÃO

O tentilhão é um buscador da verdade. Se você não estiver sendo honesta consigo mesma, ele agita as penas. Você também pode contar seus problemas e ele os levará embora, fazendo com que desapareçam nas nuvens.

PEGA

No passado, esse pobre pássaro era maldito em quase todo o mundo. As pessoas reclamam que as pegas matam outros pássaros, roubam ovos dos ninhos de pássaros canoros e roubam objetos brilhantes e reluzentes. (Na verdade, o mesmo acontece com corvos, gaios e gralhas, mas esses pássaros normalmente não têm a mesma reputação.) Os wiccanos optam por não alienar as pegas por essa publicidade negativa. As bruxas chinesas as consideram lindas e dizem que são metade corvo, metade pomba. Esses pássaros, muito inteligentes, costumam ser atraídos por lugares "abençoados espiritualmente", portanto, se você vir um no seu jardim, saberá que sua casa e seu terreno estão protegidos.

CORUJA

Dizem que essa ave sábia, também conhecida como "adivinha", guarda todos os segredos do universo. Fale em voz alta com uma coruja e faça uma pergunta. Se ela arrulhar uma vez, a resposta é não, mas, se arrulhar duas vezes, a resposta é sim. Se essa ave entrar na sua casa, isso é considerado um péssimo presságio. Se vir sua imagem em uma janela onde ela pode ter colidido com o vidro por acidente, é uma notícia de morte.

FAISÃO

Claro que só eu teria um faisão de estimação! Essa é uma ave de proteção contra perigos, especialmente para os jovens. Se um faisão selvagem for visto em um terreno onde mora uma criança, ela vai estar sempre protegida do perigo. Algumas bruxas costumam guardar penas de faisão e costurá-las em trajes ou na aba de chapéus. Na verdade, tenho um faisão selvagem de estimação, chamado Clive, que vive feliz ao lado do meu bando de galinhas. Ele se deita com elas toda noite e bate o bico na portinhola do gato toda manhã para pedir milho. Mas os faisões não são muito espertos, então você precisa ter paciência com eles.

ANDORINHA

Se uma andorinha fizer um ninho no beiral da sua casa, sua propriedade vai estar protegida contra o mau tempo.

TORDO

Essa ave encantadora é amada por todos, e sua imagem enfeita muitos cartões de Natal. No cristianismo, acredita-se que o peito vermelho do tordo veio do sangue de Jesus depois de arrancar o espinho mais profundo de sua testa quando ele estava morrendo na cruz. Você pode falar com o tordo se estiver ao ar livre no seu jardim; o pássaro pode segui-la e até pousar no seu ancinho ou na sua pá. Se um tordo visitar seu jardim com regularidade, é uma grande sorte; mas, se ele entrar de repente na casa, assim como a coruja, é prenúncio de uma notícia triste ou de uma morte.

PARDAL

Se um pardal voar na sua direção, pode ser um aviso para cuidar da saúde.

GAVIÃO-DA-EUROPA

Quando esse pássaro faz contato visual direto com você, está tentando lhe dar notícias. Tente se sintonizar com o gavião para obter sua sabedoria e seu conhecimento.

PICA-PAU

As bruxas acreditam que essa ave tem poderes mágicos e é a sentinela ou a guardiã de todas as árvores. Se você pegar um pouco da poeira de um buraco que um pica-pau está fazendo, ela pode ser usada em feitiços para ter períodos mais felizes.

CARRIÇA

No mito antigo, a carriça costumava ser chamada de "rei dos pássaros". Normalmente não é um bom presságio quando uma ave voa dentro de casa, mas, se a carriça entrar para fazer uma visita, vai deixar para trás magia e boa sorte. Depois do aparecimento de uma carriça, algo maravilhoso costuma acontecer.

AMIGOS PELUDOS

TEXUGO

O texugo é da família das doninhas e é um animal lunar. Os animais lunares são criaturas mágicas associadas a deusas lunares, e existem muitas. Dizem que o texugo tem poderes sobrenaturais e pode sentir quando está na presença de uma bruxa. Se o seu jardim for plantado coincidindo com alguma Linha de Ley mágica — consideradas caminhos de energia espiritual que percorrem a terra e ao longo dos quais monumentos antigos foram construídos e locais sagrados foram alinhados —, o texugo será atraído por essa força e vai visitá-la toda noite. Durante muitos anos, um grupo de texugos nos visitava, e a inteligência deles é extraordinária.

MORCEGO

Sempre conectada a todas as coisas assustadoras, essa pequena criatura alada pode ser encontrada nas proximidades da casa de uma bruxa. No folclore chinês, os morcegos sempre foram considerados muito auspiciosos e, se fizerem ninhos sob o seu teto, é um sinal de que coisas melhores estão por vir.

CÃES

Todos sabemos que, quando você tem um, é como ter outro filho! Mas o que muitas pessoas não percebem é que os cães podem ser incrivelmente espirituais. Todos já ouvimos histórias de cães perdidos que viajam quilômetros para voltar para casa ou caninos prevendo a chegada dos donos quando eles ainda estão distantes. A última questão pode ter a ver com o fato de que os cães têm uma audição apurada e conseguem detectar o som de um veículo conhecido, mas também é possível que os cães estejam espiritualmente sintonizados com os donos e consigam usar seus sentidos para detectar as emoções dos humanos. Os cães também são sensíveis às mudanças climáticas. Portanto, se uma tempestade estiver se formando e você estiver em um lugar inóspito, siga seu amigo de quatro patas — ele vai levá-la para um lugar seguro.

RÃS, SAPOS E SALAMANDRAS

Muitas bruxas naturais — aquelas que mergulham na tradição mágica e nas propriedades medicinais das ervas — têm um ou mais desses anfíbios como animais de estimação. Tenho um sapo marrom grande e sapeca chamado Tiptoe, que me adotou há algum tempo. Ele mora na minha estufa e afasta a maioria dos insetos. Mas tenho que tomar cuidado onde estou pisando, porque ele tem o péssimo hábito de se camuflar nas lajes do piso. No ano passado, ele ficava se aventurando dentro de casa e gostou muito da caixa de areia dos gatos. Um dia, enquanto eu esvaziava a bandeja sanitária, quase joguei Tiptoe na privada! Rãs e sapos dão sorte quando os temos por perto, mas, se um for morto ou encontrado morto no seu terreno, você vai receber a triste notícia da perda de um amigo.

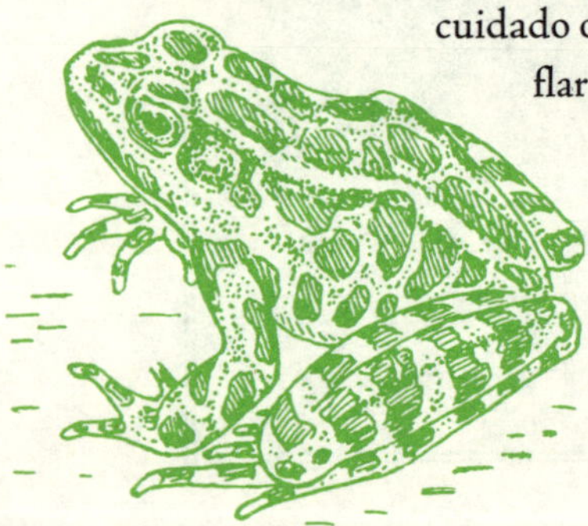

LEBRE

A lebre é outra criatura lunar reverenciada pela comunidade wiccana. No passado, os pagãos adoravam esse animal, pois ele representava a fertilidade e um novo começo. Muitas bruxas têm um enfeite de lebre em casa ou usam joias com a imagem de uma lebre. Dizem que as "lebres que encaram as estrelas" são atraídas pela lua cheia e pelas estrelas e são consideradas as mais mágicas, pois são adoradoras da lua. Ver uma lebre é considerado ótima sorte. Em minha vida eu vi duas, e nas duas ocasiões uma coisa mágica aconteceu a seguir.

CAVALO

O cavalo pode ser a única criatura do planeta que tem um problema com as bruxas. É um animal sensível e tem uma vibração muito diferente da nossa. A vibração wiccana às vezes pode assustar um cavalo, então você precisa ter compaixão e lidar com ele de um jeito cuidadoso. Muitos cavalos ficam muito ariscos e ativos perto de wiccanos, muitas vezes empinando ou relinchando alto. Isso não é culpa do cavalo; ele consegue sentir as energias espirituais da bruxa e, como não entende, fica ansioso. Depois que um cavalo se acalma um pouco e se acostuma com você, é possível criar uma verdadeira amizade. Toda vez que estou na presença de um cavalo, ele curva o lábio superior para mim. Eu costumava levar para o lado pessoal, mas agora eu curvo o meu também!

COELHO

Outra criatura lunar. Se um coelho for encontrado no seu jardim, isso pode significar notícias de um bebê para você ou para alguém próximo.

INSETOS PERSPICAZES

ABELHA

Essas criaturas são muito preciosas e, sem elas, nosso mundo não existiria da maneira que o conhecemos agora. As bruxas costumam ter colmeias porque adoram os ingredientes naturais encontrados no mel e costumam usar esse néctar em poções de cura. "Bruxas apiárias" — que criam abelhas — disponibilizam as flores e plantas corretas para essas "pequenas sacerdotisas" dos nossos jardins.

Você nunca deve xingar na frente de uma abelha; dizem que elas enfraquecem na presença da negatividade. Se uma delas voar até a palma da sua mão, diz a lenda que em breve você vai receber dinheiro. Se uma abelha não gostar da sua energia, é, você adivinhou... Você é o fim da picada!

MARIMBONDO OU VESPA

Posso adorar todos os animais, e esses insetos podem ser muito parecidos com as abelhas, mas tenho que admitir que os marimbondos e as vespas são bem irritantes. Acredite se quiser, mas você pode usar telepatia com eles e, se conseguir se sintonizar corretamente, eles fazem o que você pedir. Se uma vespa ou um marimbondo a estiver incomodando, fale com firmeza e diga: "Por favor, saia". Normalmente, eles obedecem a esse comando; se você for picada, é um aviso de que pode haver uma pessoa próxima que não é confiável. O ciúme também é associado aos marimbondos, portanto, fique atenta. Há alguns anos, tínhamos um ninho de marimbondos no nosso beiral e um deles entrou no meu quarto. Depois de falar de um jeito ríspido com ele sem sucesso, bebi um gole de vinho tinto e me preparei para uma luta. O marimbondo não gostou nem um pouco e começou a me atacar. Com o jornal enrolado na mão, dei um tapinha de leve na cabeça dele, e ele caiu com um baque na minha taça de vinho pela metade. Em pânico por um instante, abri a janela do meu quarto e joguei o marimbondo e o vinho para fora naquela noite. A próxima coisa que ouvi foi um "tum, tum, tum" e, quando olhei para baixo, vi que tinha coberto meu belo coelho de estimação com um merlot da Califórnia!

GAFANHOTO

Se você ficar cara a cara com um gafanhoto, vai ter que tomar uma decisão sobre uma jornada à sua frente.

JOANINHA

A joaninha é uma pequena parente da bruxa; se uma delas pousar em você, muitas bênçãos virão. Segure-a dentro da mão em concha por alguns segundos e conte seus segredos a ela. Em seguida, faça um desejo e deixe-a ir.

ARANHA

Para o bem ou para o mal, aranhas de todas as formas e tamanhos sentem atração por bruxas. Somos como ímãs para elas, que sobem nas nossas roupas, pousam em nós quando menos esperamos e até se arrastam para a cama conosco! Tudo bem, elas não são bonitas — têm oito pernas peludas e olhos redondos —, mas não resistem à nossa atração. A aranha, que não é um inseto — é um artrópode invertebrado com um exoesqueleto —, é considerada a única criatura viva no planeta que consegue entender a linguagem humana. Algumas bruxas falam com aranhas, e algumas são conhecidas por colocar uma no bolso por alguns instantes para aumentar a riqueza (mas não *esta* bruxa! Prefiro ser pobre, muito obrigada). Nunca mate uma aranha de propósito. Isso dá muito azar e, se você fizer isso, vai ter um ano de dificuldades. Se quiser tirar uma aranha do seu espaço, tente descartá-la com cuidado, porque, apesar da aparência, a aranha é muito vulnerável e se aborrece com facilidade. Em uma nota mais leve, se uma aranhinha andar em você (tudo bem, eu consigo lidar com as pequenininhas), circule-a três vezes sobre a cabeça e deixe-a cair no seu cabelo. Por mais estranho que pareça, deixe-a ali para encontrar a saída. Isso vai aumentar sua energia financeira três vezes.

Dica da Shawn

Se você tiver criaturas na sua casa (formigas, baratas ou camundongos) que você gostaria de "desconvidar", peça com educação, mas com firmeza, que saiam, e elas logo devem se afastar.

DEIXAMOS O MELHOR PARA O FINAL: GATO

Algumas de vocês podem ter notado uma omissão gritante na minha lista de criaturas amigas. Bem, aqui está! Eu sempre gosto de deixar o melhor para o final.

Alguma imagem de bruxa estaria completa sem a presença de um gato? Todo mundo sabe que os gatos são os companheiros mais populares das bruxas e, se você ainda não percebeu, eu sou meio louca por gatos. Tenho quatro dessas belezinhas peludas e sou serva de todas elas. É seguro dizer que você precisa ser um tipo específico de pessoa para entendê-los bem. Deve ser muito mais fácil amar um cachorro ou um hamster, porque esses animais são mais previsíveis, mas amar um gato exige que você seja totalmente altruísta.

As bruxas sempre tiveram felinos amigáveis como familiares — companheiros animais —, e muitas pessoas acreditam que eles sejam paranormais. Durante a Idade Média na Europa, até o século XVII, os gatos costumavam ser queimados na fogueira ou afogados junto com bruxas (que poderiam ou não ser suas donas) e às vezes simplesmente assassinados. Isso acontecia porque os gatos eram considerados familiares das bruxas, sobretudo os gatos pretos. Os egípcios reverenciavam os gatos, mas, infelizmente, se um faraó morresse, seu felino especial também teria que se juntar a ele na vida após a morte. Ele era embalsamado e colocado na tumba do faraó para estar preparado para a jornada até o reino espiritual.

Muitas pessoas não conseguem se identificar com gatos. Elas não entendem por que gatos domésticos bem alimentados que saem de casa parecem matar pássaros e ratos só para se divertir. Mas há uma razão: para sobreviver, o gato precisa manter suas habilidades de caça afiadas no caso de se perder ou ficar preso. Quando seu amigo felino a ama de verdade, ele caça para você. Pequenos "presentes" e "ofertas" deixados na soleira da porta são um agradecimento por você cuidar dele. "Olha só", eles parecem dizer, "peguei isso para o seu café da manhã... aproveite!" Agradeça com educação pela pequena e doce oferenda e, em seguida, livre-se da pobre criatura para não ofender seu felino. Ele não percebe que você ficou enojada com o enorme rato que ele jogou no chão para alimentar você!

FAMILIARES

Diz a lenda que o familiar de uma bruxa é um espírito (geralmente um animal) que apoia a bruxa auxiliando no seu trabalho mágico. No passado, os felinos eram associados às bruxas, e algumas superstições até diziam que uma bruxa podia se transformar em gato por meio da magia. Hoje, um familiar pode ser qualquer animal de estimação amado — cachorro, gato ou pássaro — que pertença a uma bruxa. É provável que ela tenha uma conexão especial com o animal de estimação e este com ela. Aquelas de nós que tiveram o prazer de amar profundamente um animal de estimação especial sabem como essas criaturas se tornam importantes nas nossa vidas e como as consideramos membros da família. Meu familiar é um gato siamês *seal point* chamado Oliver, e ele está sempre presente quando faço meus feitiços. Embora às vezes possa ser um pouco travesso, acho que ele é atraído pelas energias espirituais que fluem quando um feitiço está em andamento e sempre fica na sala quando qualquer magia está sendo feita. Houve um ano em que Oliver atingiu um recorde histórico e matou 53 ratos. Os residentes do nosso pequeno vilarejo ficaram maravilhados com seus esforços e o apelidaram de "O Assassino". Acho que esse título subiu à cabeça dele, porque, na primavera seguinte, Oliver tentou derrubar uma grande vaca preta em um campo vizinho e acabou sendo jogado para o ar. Outra vez, Oliver estava perambulando no telhado e, com habilidade, pegou uma gaivota enorme pelas pernas. A gaivota decolou em pleno voo com meu pequeno assassino ainda pendurado nas patas. Eu estava sentada na cama tomando meu chá matinal e lendo o jornal e o vi passar voando pela janela do quarto a toda velocidade. Por sorte, Oliver acabou soltando o bicho, pousando sem cerimônia, e felizmente ileso, na mesa do pátio. Nós, wiccanos, acreditamos que, assim como nossos animais de estimação, nós emanamos amor e sinceridade e, portanto, temos uma conexão natural com nossos familiares. Eu sempre dou um sorriso quando percebo que Oliver se encarregou de me escolher como sua bruxa, e isso o torna meu: que adorável! Acho que vou trocar a gaivota por um cabo de vassoura...

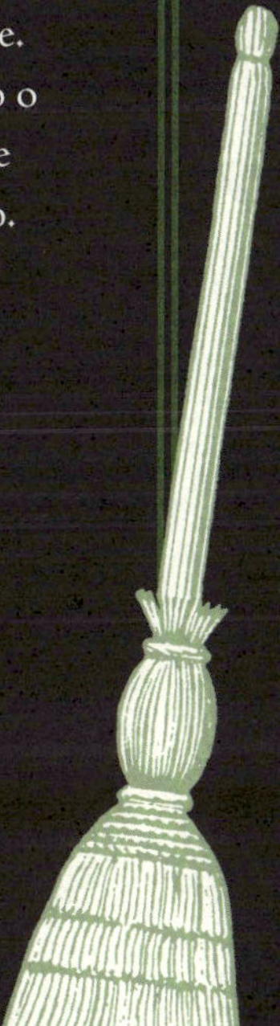

FOGO

AMOR & MAGIA

PARTE 3

Wiccapédia

Capítulo 10

Sabedoria do amor: feitiços de liberdade

Leanna Greenaway

Minhas antenas espirituais estão agitadas; estou sentindo todas vocês, bruxas, brotando por aí brandindo suas varinhas em uma expectativa mágica de amor e romance! Antes de prosseguirmos, espere só um segundo. Embora não existam regras obrigatórias na Wicca, o assunto magia e amor deve vir com um rótulo de alerta. Com o passar dos anos, cometi muitos erros românticos, então espero que este capítulo permita que você desvie da maioria dos erros comuns que cometi por imprudência e a ajude a fazer feitiços de amor sem nenhuma consequência infeliz.

UMA HISTORINHA ANTES DE COMEÇARMOS

Ele tinha um metro e noventa de altura, cabelos louros despenteados, olhos azuis brilhantes e o corpo de um Adônis — e nem sabia que eu existia! Eu tinha 21 anos e, ah, como eu amava o Robert (é assim que vamos chamá-lo aqui). Eu o via de pé no bar todas as sextas-feiras à noite, lançando olhos devoradores para uma mulher diferente a cada semana, mas ele nunca olhou na minha direção. Flertar, piscar, fazer beicinho ou cair por acidente no seu colo não pareciam funcionar. Depois de três semanas tentando chamar sua atenção, decidi que só havia uma coisa a fazer. Eu ia pegar o livro de feitiços velho e surrado que tinha comprado em uma liquidação no verão anterior e *fazê-lo* me querer. Assim, depois de uma busca cansativa por muitos ingredientes estranhos (tive que encontrar um substituto para as fezes de unicórnio), comecei a fazer meu feitiço.

Eu nunca tinha trabalhado com efígies — representações esculpidas ou moldadas de pessoas —, e não criei nenhuma desde então. Para o feitiço, tive que derreter uma vela cor-de-rosa com outros ingredientes em uma panela e deixar esfriar um pouco. Quando se solidificou um pouco, mas ainda era flexível, moldei a mistura na forma de um homem, beijei-o três vezes e enterrei no jardim. Segui o feitiço ao pé da letra e gritei "Robert vai me amar para sempre" sobre o montinho de terra.

Na semana seguinte, usei minha roupa mais linda e fui atrás de Robert no lugar de sempre. Não foi nenhuma surpresa quando nossos olhos se encontraram através da sala lotada e ele se aproximou na mesma hora e se ofereceu para me pagar uma bebida! Fiquei muito feliz porque meu feitiço funcionou e me dei um tapinha mental nas costas. Ao longo da noite, Robert foi atencioso e me levou taças de vinho; pelo menos cinco. No fim da noite, já embriagados, trocamos números de telefone e combinamos um encontro no dia seguinte.

A Grande Deusa pode ter abençoado o homem com uma aparência maravilhosa e um corpo lindo de morrer, mas, quando eles distribuíram as personalidades, podemos dizer que o pobre Robert ficou no fim da fila! No nosso primeiro encontro oficial, tentei durante duas horas inteiras engatar em uma conversa com ele, mas o homem só ficou sentado olhando para mim com um sorriso vazio. Perguntei sobre o trabalho, os hobbies, a família e, como última tentativa, até mesmo as ex-namoradas, mas toda vez que eu fazia uma pergunta ele dava uma resposta monossilábica. Eu não tinha certeza se a inexistência de traços de personalidade eram, de alguma forma, resultado do meu feitiço ou se ele só tinha a personalidade de uma pedra mesmo. Não, decidi, aquele encontro não era para mim. Eu tinha tomado uma má decisão (afinal de contas, eu era jovem) e teria que afastá-lo com delicadeza: dar um tapinha na mão dele, dizer que tudo tinha sido muito bom, mas... Ah, já está tarde!

Acordei na manhã seguinte e encontrei Robert em pé em frente à minha casa. Tinha passado a noite toda ali. Disse que só precisava ficar perto de mim, pois se sentia muito atraído por mim. Eu era sua alma gêmea, e ele nunca ia conseguir viver sem mim! Ok, agora estava ficando assustador, mas pelo menos ele tinha conseguido juntar algumas palavras. Tentei repelir suas atenções fingindo ter outro namorado, mas nem isso funcionou. Catorze buquês de flores e seis caixas de chocolates depois, decidi que era melhor dar uma palavrinha com minha mãe e contar o que eu tinha feito. Ela me lançou um olhar penetrante por cima dos minúsculos óculos de armação dourada, como sempre fazia, e pegou outro livro de feitiços velho e surrado para tentar consertar o problema. Então, veja bem, é muito fácil fazer um feitiço para conquistar o coração de alguém. Mas, no fim das contas, foram necessários três meses de feitiços constantes da minha mãe para dar um fim àquilo!

ALGUMAS ORIENTAÇÕES PARA FAZER FEITIÇOS DE AMOR

Antes de nos aventurarmos a fazer feitiços de amor, existem algumas situações que devemos evitar a todo custo. Como em qualquer prática wiccana, devemos garantir que nossas intenções são honradas e que não estamos lançando feitiços para obter um ganho pessoal. A primeira regra importante — que aprendi da maneira mais difícil com Robert — é: *nunca faça um feitiço de amor para enfeitiçar uma pessoa específica*. Se você é louco pelo cara do escritório ou tem paixão pelo seu instrutor de direção, deixe a natureza seguir seu curso. Se você estiver destinada a ficar com alguém, isso vai acontecer. Todo relacionamento que iniciamos é planejado no mundo espiritual (mesmo os ruins). Antes de reencarnarmos, é decidido com quem vamos compartilhar uma parte da nossa vida ou toda ela. Isso ocorre porque, toda vez que nos aventuramos em um relacionamento, aprendemos alguma coisa com ele. Às vezes, temos que reencarnar com os mesmos maridos e esposas em mais de uma vida, porque uma só não é o suficiente para viver todas as coisas que precisamos.

Se não fosse nosso destino estar com nossos parceiros, nunca estaríamos naquele lugar específico naquele momento específico em que tivemos o primeiro encontro. Não teríamos nos sentido atraídas por eles, para começar, então alguma coisa deve ter acontecido para acender aquela faísca. Por mais difíceis que sejam alguns relacionamentos, foi o destino que uniu as pessoas. Então, quando você sentir que é hora de se afastar de um relacionamento, essa parte da sua jornada obviamente terminou. Seu subconsciente está lhe dizendo que você não pode aprender mais nada com aquele parceiro.

Isso me leva à segunda regra, que é: *nunca faça um feitiço para reconquistar um ex-companheiro*. As bruxas wiccanas acreditam piamente que todos têm livre-arbítrio e, como mencionei antes, em nenhuma circunstância devemos interferir ou influenciar a mente de outra pessoa. Quando exercemos poder sobre outra pessoa, estamos, na

verdade, interferindo nas lições cármicas dessa pessoa. Talvez Robert estivesse destinado a encontrar o amor da vida dele naqueles três meses em que ficou rodando atrás de mim! Então não importa o quanto seja tentador conseguir a pessoa dos seus sonhos por meio da magia, isso não é considerado ético de forma nenhuma.

No entanto, não há nada de errado em fazer feitiços para conhecer novas pessoas ou atrair amor para sua vida, então vamos dar uma olhada em alguns feitiços maravilhosos que foram testados e aprovados e são seguros de usar. As bruxas solteiras que quiserem apimentar as noites de sexta-feira podem fazer isso com perfeita paz de espírito. Também existe um feitiço para dar uma melhorada no casamento. Experimente! Boa sorte!

PARA ATRAIR UM INTERESSE ROMÂNTICO NOVO E AGRADÁVEL

Comece em uma sexta-feira
Fase da lua: cheia

À noite, pegue uma vela rosa e inscreva seu nome na cera. Coloque a vela em um castiçal no centro do altar. Pegue um punhado de pétalas de rosa cor-de-rosa e espalhe-as ao redor da base da vela. Acenda a vela e diga o seguinte encantamento nove vezes:

Eu invoco Shianna, o anjo do amor,
Para brilhar sua magia do alto.
Para me livrar da solidão,
Nunca mais sozinha,
Alma para alma, para nos tornarmos inteiros.

Depois de dizer o feitiço nove vezes, feche-o dizendo:

Que assim seja.

Deixe a vela queimar até o fim sem perturbá-la e espalhe as pétalas no jardim. Você deve encontrar o amor em algumas semanas.

MELHORE SUA POPULARIDADE COM UM ÍMÃ MÁGICO

Fase da lua: cheia

Algumas pessoas simplesmente entram em uma sala e os garotos ou garotas vêm se aglomerando. Esse feitiço — principalmente para mulheres — garante que você nunca vai ter que dançar sozinha em uma festa. Se precisar aumentar sua popularidade quando estiver fora de casa ou dar um impulso à sua autoestima, você pode fazer as pessoas se reunirem ao seu redor com um feitiço simples.

Antes de sair à noite, pegue uma sacolinha de corda e um pequeno ímã de qualquer formato ou tamanho e coloque-os no altar. Acenda uma vela vermelha e coloque seu batom preferido ao lado dela. Diga este encantamento sete vezes:

Esta noite eu vou brilhar,

Estou divina,

A noite toda

O glamour é meu.

Deixe a vela queimar enquanto você se prepara para sair. Antes de sair de casa, sopre a vela e coloque o batom e o ímã dentro da sacolinha de corda. Carregue a sacolinha na bolsa e observe as pessoas disputando sua atenção.

PARA APIMENTAR O CASAMENTO

Comece em uma sexta-feira
Fase da lua: nova

Todos os casamentos e relacionamentos de longo prazo passam por momentos difíceis e por fases enfadonhas. Quando isso acontecer, você pode fazer uma magia para atrair de volta o romance e acrescentar um pouco de empolgação. Prepare um banho e adicione à água algumas gotas de óleo de lavanda e um punhado de pétalas de rosa vermelha. Fique imersa na água por cerca de quinze minutos, depois coloque um pouco dessa água do banho em uma jarra e descarte as pétalas. Pegue duas conchas de ostra vazias e despeje um pouco da água do banho em uma das conchas. Coloque a outra concha por cima e diga este encantamento três vezes:

Que as bênçãos recaiam,
Nosso romance vai crescer,
Dedicado mais uma vez
Assim como antes,
Com uma concha mágica
Tudo vai ficar muito bem.

Depois de dizer o feitiço três vezes, feche-o dizendo:

Que assim seja.

Esvazie a água da banheira, mas deixe as conchas no banheiro durante uma semana. Você pode repetir esse ritual uma vez por mês se quiser mesmo melhorar o casamento.

MAIS FÁCIL DIZER DO QUE DESFAZER

Existem bruxas no mundo todo que violam um pouco (ou muito!) as regras no que diz respeito aos assuntos do coração, mas preciso enfatizar o quanto é importante que você trabalhe de maneira adequada e ética. Já me pediram várias vezes para reverter um feitiço de amor quando o inevitável aconteceu, e, por mais que sejam fáceis de fazer, esses feitiços são excepcionalmente difíceis de desfazer.

Dica da Shawn

Lembre-se de que o coração e a mente de todos pertencem a eles, e você não tem o direito de se intrometer nem de interferir. Portanto, agora que você tem todos os dados, saia, encontre um bom parceiro ou parceira e aproveite enquanto durar.

WICCAPÉDIA

CAPÍTULO 11

UNIÃO DAS MÃOS: NA SAÚDE E NA DOENÇA

LEANNA GREENAWAY

O brilho e o glamour dos casamentos com roupas brancas de hoje derivam, na verdade, da antiga cerimônia pagã de casamento chamada de *handfasting*. Acredita-se que a tradição desse ritual de união das mãos remonta aos tempos romanos. Dizem que um noivo e uma noiva casados inicialmente faziam os votos só por um ano e um dia. Depois desse período, se ainda estivessem loucamente apaixonados, era realizada outra cerimônia para uni-los de forma permanente. No século XXI, os wiccanos ainda se casam pelo ritual de *handfasting*, mas, assim como a maioria das coisas, o ritual evoluiu com o tempo. Wiccanos angelicais tendem a fazer cerimônias baseadas no handfasting convencional, mas ancorados na vibração dos anjos, e não na dos deuses e deusas do paganismo.

OFICIANTES DA CERIMÔNIA

Assim como nos velhos tempos, um sacerdote ou sacerdotisa realiza a cerimônia de *handfasting* ao ar livre ou em um local de culto, como uma igreja cristã. Os anéis são trocados para simbolizar a união ininterrupta e o círculo eterno da vida. É interessante notar que a aliança de casamento, tradicionalmente usada no quarto dedo da mão esquerda, também conhecido como dedo anelar, passou a ser colocada ali porque nossos ancestrais acreditavam que ela ficava em cima de uma artéria ligada diretamente ao coração.

O sacerdote ou sacerdotisa, por tradição, se veste com uma roupa de estilo gótico, geralmente verde, dourada ou púrpura. Essas roupas costumam incluir acessórios de cabeça ornamentados, e a sacerdotisa pode usar uma coroa enfeitada com uma variedade de cristais e penas. Esses clérigos de alto escalão, em sua maioria, são membros maduros de covens que têm muito conhecimento sobre a realização de feitiços e todas as coisas mágicas.

O ALTAR DO CASAMENTO DE UMA BRUXA

Para a cerimônia, monta-se um altar luxuoso de tamanho real enfeitado com um pano roxo ao ar livre, geralmente perto da água ou de um riacho. Sobre ele são colocadas duas grandes velas brancas, representando o homem e a mulher, e um cabo de vassoura muito bem decorado fica apoiado na frente. O bolo, normalmente de frutas, é colocado no centro do altar, junto com um cálice de vinho tinto, um prato de biscoitos e um potinho de mel. O vinho representa uma união criativa, os biscoitos são um símbolo para garantir que o casal nunca passe fome e o mel é para adoçar a união. Cristais como ametista e quartzo rosa são espalhados sobre a mesa, junto com muitas flores sazonais e pétalas. O altar pode acomodar quase tudo que o casal quiser, como fotos, quinquilharias e itens pessoais, mas sal, água e incenso quase sempre são incluídos. Eles simbolizam os elementos e purificam o espaço.

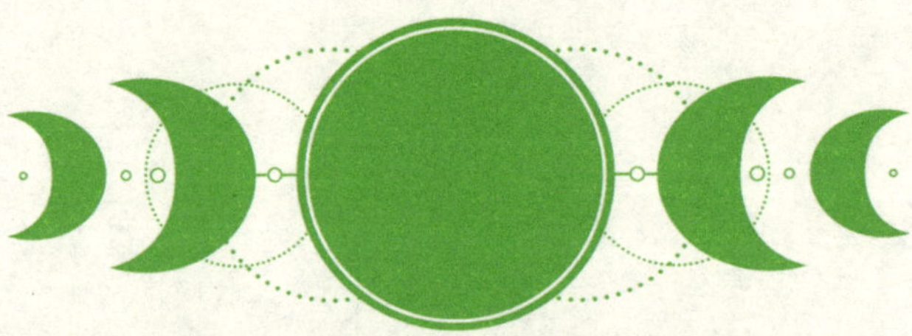

CONVIDADOS, PRESENTES E COMIDAS

Assim como acontece nos casamentos não wiccanos, o número de convidados depende de quantas pessoas o casal quiser convidar. A maioria dos rituais de *handfasting* é muito informal, e os casais não costumam contratar um bufê. O casal pode pedir que os convidados preparem um prato exclusivo, cozinhem uma iguaria à moda antiga ou levem uma garrafa de vinho de boa qualidade ou uma caixa de cerveja importada. Hoje em dia, não está tão na moda comprar presentes grandes e caros ou eletrodomésticos; a maioria das bruxas acha que pequenos itens ou alimentos feitos em casa são mais pessoais e permitem que cada pessoa convidada contribua de alguma forma.

Todas essas ofertas são colocadas em mesas sobre cavaletes e, quando a cerimônia de casamento termina, os convidados se servem das contribuições de dar água na boca. As bruxas não tendem a ser materialistas, então esse arranjo de cada convidado levar um alimento é ideal para nós e mantém os custos baixos. Tenho certeza de que você vai concordar que isso torna o ditado "quanto mais, melhor" muito verdadeiro.

Às vezes, os convidados são incentivados a se vestirem com trajes medievais e até mesmo a levarem animais de estimação "comportados". Na minha cerimônia de *handfasting*, seis das minhas galinhas escaparam do galinheiro e se misturaram às pessoas, e isso aumentou a atmosfera festiva.

Conforme os convidados vão chegando, uma música suave é tocada ao fundo, e cada pessoa recebe uma taça de vinho. As cadeiras são colocadas em um grande círculo ao redor do altar (que fica mais ou menos no centro do círculo), e os convidados se sentam, bebem e aguardam a cerimônia.

Depois que todos os convidados estão sentados, o "braço direito" (geralmente um membro da família do noivo ou um amigo especial) entra no círculo tocando um sino. Isso tira toda a energia negativa da área do círculo. A dama de honra da noiva pega flores secas de lavanda misturadas com pequenas lascas de quartzo rosa e joga aos pés dos convidados para dar sorte. Ao mesmo tempo, uma das ajudantes ou damas de honra da noiva segue o braço direito do noivo acenando um bastão para defumar ou um incenso de sálvia a partir do altar para purificar ainda mais o círculo.

A CERIMÔNIA

O serviço começa com o noivo e o sacerdote ou sacerdotisa se aproximando do altar, acompanhados de percussionistas tocando tambor. Vamos imaginar que a cerimônia seja conduzida por uma sacerdotisa. A sacerdotisa carrega uma almofada ornamental com fitas ou cordões coloridos drapeados. Estes serão usados mais tarde para amarrar as mãos do casal em matrimônio. Se for um dia de vento forte, as fitas são presas por alfinetes à almofada para não voarem.

Depois que o noivo e a sacerdotisa se posicionam no altar, os percussionistas voltam para a festa nupcial e tocam conduzindo a noiva e as damas até o círculo. O traje do noivo é escolhido por ele; pode ser uma sobrecasaca ou um colete colorido e elegante. A noiva costuma usar a mesma cor do noivo. Ela pode usar um vestido longo e esvoaçante, não necessariamente branco, com um acessório ou uma coroa de flores sazonais na cabeça e talvez uma varinha com quartzo rosa na ponta. As damas ficam presentes durante toda a cerimônia e pode haver quantas a noiva quiser. Seus trajes costumam ser muito parecidos com os das bruxas: vestidos longos, dramáticos, em estilo gótico, em tecidos ricos, como veludo, com cores que variam de roxos e vermelhos profundos a um turquesa vibrante. Todas as damas usam um colar ou um anel de pentagrama.

O SERMÃO E OS VOTOS

Existem muitos tipos diferentes de cerimônias de *handfasting*. Podem durar cerca de quinze minutos a meia hora, e os textos cerimoniais podem variar muito. Há a leitura de sermões e a troca de votos, como nos casamentos tradicionais não wiccanos; há sermões pré-escritos disponíveis na internet para download. Na Wicca Angelical, o sermão se concentra nos anjos; os arcanjos são chamados para abençoar o casal de modo a garantir que eles tenham uma união feliz.

Assim que a noiva e o noivo estão diante do altar, a sacerdotisa pega um punhado de sal e joga aos pés dos dois. Dizem que isso purifica o solo que eles pisam. Ela pede à noiva e ao noivo que abaixem a cabeça, depois joga um punhado de sal sobre eles para limpar o ar ao redor. Depois que a sacerdotisa dá seu sermão e pede aos anjos que enviem bênçãos eternas, ela pega uma pequena colher de prata embebida em mel e a coloca gentilmente nos lábios do casal para adoçar a vida em conjunto. Em seguida, ela oferece aos noivos uma taça de vinho, e eles bebem alternadamente da mesma taça. As madrinhas oferecem cestas ao casal e a todos os convidados; quando a noiva e o noivo dão uma mordida no conteúdo da cesta, os convidados fazem o mesmo para simbolizar a sustância.

A noiva e o noivo costumam escrever seus votos pessoais em particular e não os compartilham antes um com o outro. Muitas bruxas gostam de ficar em um púlpito e fazer suas promessas ao parceiro de modo que todos possam ouvir. Depois que os votos são proferidos, a noiva e o noivo trocam alianças, e a sacerdotisa se prepara para amarrar as mãos do casal.

A AMARRAÇÃO

A cerimônia de *handfasting* culmina com a amarração das mãos. No passado, as mãos dos casais eram unidas e amarradas com cordão. Embora algumas bruxas ainda gostem de usar cordão, muitas noivas e noivos hoje optam por fitas de cetim em roxo, verde e branco. Estas medem cerca de dois metros de comprimento e envolvem a mão esquerda da noiva com a do noivo.

A sacerdotisa enrola as fitas, entrelaçando-as dentro e fora dos dedos do casal antes de erguer as mãos amarradas no ar por alguns instantes. Uma música etérea e angelical toca enquanto a dupla começa a andar ao redor do círculo, mostrando as mãos unidas e compartilhando a felicidade com todos. Por sua vez, os convidados jogam arroz nos recém-casados (ao contrário da crença popular, é mito dizer que arroz cru faz mal aos pássaros). Nos tempos pagãos, acreditava-se que jogar arroz transferia o espírito do grão fértil para os noivos, garantindo que eles teriam uma colheita próspera e uma união fértil.

Depois de terminar esse antigo ritual, a sacerdotisa desamarra as mãos do casal e os declara casados; o noivo então beija a noiva. No entanto, não termina aí, porque muitas bruxas adoram seguir a tradição e pular sobre a vassoura que ficou encostada no altar. Os percussionistas tocam os tambores enquanto os recém-casados dão um pulo correndo sobre a vassoura ornamentada para finalizar o casamento. Nesse momento, todos comemoram e aplaudem o casal recém-casado e a cerimônia termina.

O BOLO

Sempre foi costume os noivos fatiarem um bolo de frutas segurando a faca juntos e demonstrando afeto ao se beijarem por cima dela. Dizem que isso garante que eles darão à luz muitos filhos. Então, ao compartilhar o bolo com os convidados, eles estão indiretamente compartilhando as energias mágicas do amor do casal e transmitindo-as a todos os presentes. Tive muita sorte, porque minha dama de honra era uma confeiteira maravilhosa e me fez um lindo bolo em forma de pentagrama. Depois, ela me disse que tinha colocado um feitiço adorável sobre o bolo para que nosso casamento fosse feliz.

A FESTA

Essa é uma recepção de casamento com uma diferença. Não existe a primeira dança. Em vez disso, os músicos tocam instrumentos como violino, violoncelo e acordeão ao longo do jantar. Depois de comer e beber, os convidados, animados, começam a dançar. Depois de algumas danças, o noivo faz um discurso e agradece a todos os convidados e ao seu braço direito pela ajuda e assistência. Em seguida, a noiva faz um discurso de agradecimento e entrega presentinhos para cada uma de suas damas, a sacerdotisa e a nova sogra. Essa oferenda costuma ter a forma de alguma coisa pequena e pessoal, como um cristal, uma bolsinha mágica ou um punhado de ervas frescas. Logo depois de entregar os presentes, ela convoca todos os solteiros (homens e mulheres) para o lançamento do buquê. Quem pegar o buquê deve levá-lo para casa e secá-lo para encontrar o verdadeiro amor nesta vida.

O ÁLBUM DE CASAMENTO DE UMA BRUXA

Ao contrário de um álbum de casamento não wiccano, que geralmente contém fotos do casal feliz e da família mais próxima, um álbum de casamento wiccano é um lembrete mais interativo do dia especial do casal. Normalmente, o braço direito do noivo compra um grande livro de capa dura e decora a parte externa de alguma forma. Dentro, há uma cópia escrita do sermão e dos votos da cerimônia. Depois da cerimônia, cada convidado escreve "votos de felicidades" nas páginas que se seguem, e um pouco da lavanda seca é coletada do chão e prensada no livro. Mais tarde, podem ser acrescentadas fotografias, além de outras lembranças, como cartões de convidados ou uma cópia do convite. Esse tesouro é guardado em uma área especial na residência do casal para que eles mantenham todas as lembranças maravilhosas em um só lugar.

Dica da Shawn

Infelizmente, uma cerimônia de *handfasting* não é válida para a justiça, mas bruxas do mundo todo sentem que as cerimônias representam muito mais do que um pedaço de papel com valor judicial. Embora as cerimônias de *handfasting* sejam informais, são comoventes e belas. Você pode fazer uma cerimônia civil primeiro e organizar a cerimônia de *handfasting* — ou casamento "de verdade", como muitas vezes ouvi chamarem a cerimônia de *handfasting* angelical — em uma data posterior. Para ter um casamento mágico, faça o evento no dia ou na fase da lua nova e não se esqueça da tenda, pois não se pode garantir o clima!

ÁGUA

HABILIDADES PSÍQUICAS E DIVINAÇÃO

PARTE 4

Wiccapédia

CAPÍTULO 12

ETERNA INTUIÇÃO: HABILIDADES PSÍQUICAS

SHAWN ROBBINS

Muitas pessoas presumem que os wiccanos são "videntes", que temos a capacidade de ver e sentir o que os outros não conseguem, por causa de nossa conexão com a natureza, o cosmos ou o que quer que seja A verdade é que somos mais capazes de nos sintonizar com o que pode acontecer ou o que já pode estar acontecendo onde não conseguimos ver, mas o motivo é simples: temos uma conexão profunda com a nossa intuição. Nós a ouvimos, seguimos e confiamos nela.

Nossos ancestrais pré-históricos dependiam muito dos instintos e da intuição, que usavam para reagir a tudo, desde mudanças no clima até a presença de predadores ou presas. Com o tempo, muitos de nós no mundo ocidental perdemos o contato com essa habilidade e passamos a desconsiderar essa parte da nossa constituição interna. Mas todos nascem com PES, a percepção extrassensorial. Todos nós temos intuições e palpites; se ouvíssemos um pouquinho mais esses sentimentos, poderíamos evitar muitos dos problemas que enfrentamos no dia a dia. Você já viu alguém pela primeira vez e sentiu os pelos da nuca se arrepiarem? Já aconteceu comigo. Embora a pessoa possa parecer encantadora, sua primeira impressão, por mais incoerente que possa ser, muitas vezes pode estar certa. É o seu sexto sentido entrando em ação, e ele nunca deve ser ignorado. Acredite se quiser, você *é* vidente. Todas as pessoas que residem neste planeta têm algum nível de habilidade psíquica, quer sua "porta" psíquica esteja totalmente aberta, totalmente fechada ou entreaberta.

Se você fosse criado em uma cultura onde as habilidades intuitivas fossem encorajadas e aprimoradas, você estaria em contato com elas o tempo todo, mas, infelizmente, nós, ocidentais, ouvimos desde cedo que, se você não consegue ver, a coisa não existe. Qualquer criança que alega ver espíritos ou que *sabe* algumas coisas (como uma garotinha que sempre diz "A vovó vai ligar" pouco antes de o telefone tocar) é desprezada por ter uma imaginação hiperativa e é instruída a parar de exagerar e "falar a verdade!".

As centenas de supostos médiuns que existem por aí não ajudam muito, já que eles costumam enganar o público em geral para encher o próprio bolso. Leanna e eu somos clarividentes naturais e passeamos por muitos círculos psíquicos diferentes, e ambas encontramos esses charlatães profissionais que, infelizmente, dão má fama ao restante de nós. Um místico de verdade consegue identificar um médium falso a um quilômetro de distância, mas algumas pessoas suscetíveis podem não perceber que estão sendo enganadas até que seja tarde demais.

As habilidades paranormais assumem muitas formas. O termo PES às vezes é usado de maneira genérica para abranger tudo, desde intuição intensificada até clarividência, clariaudiência, psicometria, telepatia, radiestesia, precognição, catoptromancia e mediunidade. Alguns desses tópicos são abordados neste capítulo; outros serão discutidos em outra parte deste livro. Depois de ler este capítulo, você vai estar mais ciente das suas habilidades psíquicas específicas. Todos nós temos pontos fortes e fracos, então não fique surpresa ao saber que algumas das suas habilidades são mais desenvolvidas do que outras.

A esta altura, você deve estar pensando: "Ei, quero começar a usar minha PES! Como faço para encontrar esses dons?". Para começar, relaxe. Vai dar um trabalhinho descobri-los e colocá-los em movimento de novo!

VIDENTES AO LONGO DOS SÉCULOS

O termo *psychic* (médium, vidente ou paranormal em inglês) vem da palavra grega *psychikos*, que significa "da alma". Na verdade, em algum momento da sua educação escolar, você deve ter lido ou ouvido falar do oráculo de Delfos, a famosa sacerdotisa do Templo de Apolo em Delfos, que fazia previsões que supostamente vinham direto de Apolo. Será que era telepatia? Clariaudiência? Jamais saberemos. Mas sabemos que os gregos confiavam muito nessas revelações e com frequência recorriam a esses oráculos para ter notícias do futuro.

No entanto, a PES histórica não se limita aos gregos antigos. A Bíblia é cheia de profetas que alertam as massas sobre o que está por vir. Algumas pessoas ouviam, algumas as ignoravam e outras passavam a acreditar de verdade quando essas visões se tornavam realidade. Joana d'Arc pode ser vista como outro exemplo: embora os cristãos encarem suas visões como profecias divinas, ela não teria visto nada sem um elevado estado de consciência, que certamente pode ser classificado como PES.

Existem outros médiuns e videntes famosos, alguns vivos, outros mortos: Nostradamus, Edgar Cayce e John Edward, entre outros. Embora os métodos de cada um variem, as pessoas com habilidades clarividentes desenvolvidas conseguem abrir a mente e acessar as energias psíquicas para ver, ouvir ou saber o que os outros aparentemente não conseguem.

PREPARE SEUS DONS PSÍQUICOS

Ninguém — nem mesmo um wiccano — pode pular para a vida psíquica depois de passar anos com essa habilidade desligada. Você tem que entrar nela com delicadeza, lembrando ao lado direito do cérebro de suas capacidades ilimitadas. Portanto, o primeiro passo para encontrar sua PES é reconhecer que você tem o poder de acessar informações que estavam ocultas. Para isso, sugiro que você comece cada dia lembrando a si mesma desse fato. Uma simples afirmação ou mantra funciona; algo como "Meu cérebro está aberto e pronto para receber informações".

A próxima coisa que você deve fazer é começar a pesquisar. Comece com livrarias esotéricas, onde você deve encontrar não só uma riqueza de materiais, mas uma equipe ansiosa para compartilhar conhecimento e experiência com você. É um bom lugar para perguntar sobre grupos wiccanos ou psíquicos próximos. A internet, claro, é outra excelente ferramenta de pesquisa. Pesquise no Google "melhore suas habilidades psíquicas" ou "habilidades psíquicas Wicca" e veja o que aparece.

Aprender o máximo possível sobre determinada habilidade psíquica, ainda mais se você sentir que tem afinidade com ela, vai ajudá-la a entender com o que está lidando e como tirar o máximo proveito dela. Na verdade, estreitar o campo das possibilidades psíquicas é um bom ponto de partida. Conheça seus pontos fortes e entenda que a maioria das pessoas é extrassensorial só em uma ou duas maneiras. Se você fosse extrassensorial em todos os sentidos possíveis, teria dificuldade para passar o dia no plano terreno, pois seria bombardeada com informações!

Sei que esses pequenos exercícios parecem simples, mas o desenvolvimento da PES começa com o redesenvolvimento dos sentidos desse jeito básico. A maioria de nós passa o dia tentando evitar distrações, como sons, cheiros e imagens supérfluos para nossas preocupações imediatas. Na verdade, você precisa voltar a se sintonizar com tudo isso. Ao fazer isso, você se surpreenderá ao ver como algumas coisas (como a personalidade e os hábitos de pagamento do cara da cafeteria) começam a parecer óbvias — e como é fácil prevê-las.

CONFIE NA SUA INTUIÇÃO

Depois de começar a sintonizar seus sentidos com frequência, você vai poder confiar na sua intuição para guiá-la em qualquer situação. Algumas pessoas me dizem: "Minha intuição está sempre errada! Eu devia fazer sempre o oposto da minha intuição!". Essas pessoas não têm falta de intuição; elas precisam de mais prática no treinamento sensorial. Acredito que elas tenham tomado uma decisão ruim uma ou duas vezes (provavelmente contra a própria intuição) e agora ficam confusas sempre que têm uma escolha importante a fazer. Os sentidos estão confusos, e o processo de tomada de decisões é o equivalente psíquico de jogar um dardo em um alvo com os olhos vendados. O que eu digo para essas pessoas? "Tire a venda dos olhos agora mesmo!" Sim, é simples *assim*.

Treinamento extrassensorial

Use as seguintes dicas para consultar sua mente e avaliar o potencial dela:

- Feche os olhos, limpe a mente e deixe que seus sentidos a guiem. Você é capaz de "sentir" o que está na sua frente, mesmo que não esteja tocando com as mãos? Consegue "ver" o que está acontecendo no escritório, embora não esteja lá?
- Aprenda a se concentrar nos sentidos, mesmo quando estiver rodeada de distrações. Na próxima vez que estiver em uma rua movimentada, veja se consegue aquietar a mente, isolar cada sentido e continuar em movimento, tudo ao mesmo tempo. Isso vai treinar seus sentidos para continuarem intensificados em qualquer situação.
- Depois de uma ou duas semanas de treinamento concentrado dos sentidos, comece a testá-los. Comece fazendo previsões simples. Digamos que você esteja na fila da cafeteria. Use seus sentidos em desenvolvimento para avaliar a pessoa à sua frente. O que ela vai pedir? O que vai dizer para a pessoa que está servindo no balcão? Ela vai pagar em dinheiro ou com cartão de crédito?

Digamos que você seja uma dessas pessoas cuja intuição é toda distorcida pela razão, pela lógica e por perguntas do tipo "e se?". Como você pode limpar as teias de aranha e voltar a reconhecer e confiar nos seus instintos?

1. Comece com uma decisão simples, como "Devo dirigir hoje pela Main Street ou pela South Street a caminho do trabalho?".
2. Uma resposta vai surgir na sua mente. Anote-a. Essa é a sua intuição. Não pense nela, não procure motivos lógicos, não discuta consigo mesma.
3. Inspire e expire de maneira profunda e silenciosa e deixe a resposta assentar. Acredite na sua decisão de confiar na sua intuição. Afaste todos os sentimentos hesitantes.
4. Agora faça o que foi ordenado. Pegue a rua que sua intuição escolheu. Não fique decepcionado se a viagem não for muito tranquila. Se encontrar problemas no caminho até o trabalho (trânsito, construção, qualquer coisa), isso não significa necessariamente que sua intuição estava errada; pode significar que você evitou um acidente na outra rota e que esse acidente não aconteceu porque você não estava lá. Portanto, não jogue as mãos para o alto e diga: "Escolhi errado *de novo!* Minha intuição não serve para nada!". É bom quando temos um resultado positivo sólido no qual pendurar o chapéu intuitivo, mas nem sempre conseguimos ver ou saber o que *não* aconteceu por causa da escolha que fizemos.

Por outro lado, às vezes é óbvio que tomamos a decisão errada, como confiar na pessoa errada, comprar a casa errada ou aceitar o emprego errado. Se você se deu ao trabalho de consultar sua intuição e acha que ela a fez agir de forma errada, vamos dar uma olhada no processo. Você perguntou:

* "Devo namorar essa pessoa?"
* "Devo comprar essa casa?"
* "Devo aceitar esse emprego?"

Se tiver feito isso, pode ser necessário especificar melhor na próxima vez. Sempre há lições — boas ou ruins — a serem aprendidas em qualquer situação da vida, então, quando você pergunta se "deveria" fazer uma coisa, a resposta pode ser: "Ei, por que não?". Mas, para saber se uma coisa vai proporcionar mais felicidade do que tristeza, você pode perguntar:

* "Essa pessoa é honesta e leal?"
* "Vou ser feliz morando aqui?"
* "Vou crescer e prosperar nesse emprego?"

Teste esse processo de reformulação das perguntas e aceite a primeira resposta que vier à sua mente. E confie em si mesma. Você sabe mais do que pensa!

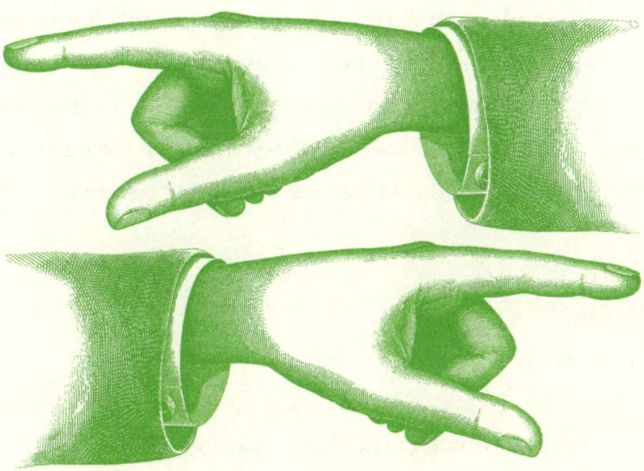

DESPERTE SUA INTUIÇÃO

Aqui está um exercício de visualização simples para botar sua intuição em movimento. Primeiro, limpe a mente das distrações com as quais lidou o dia todo. Tire o telefone do gancho e dê um osso ao cachorro para mantê-lo ocupado nos próximos quinze minutos.

Em seguida, faça uma lista de perguntas para as quais precisa de respostas. Pode ser qualquer coisa desde "Esta ação é um bom investimento?" até "Minha saúde vai melhorar em breve?". Adapte as perguntas às suas preocupações. Você vai usar essa lista um pouco mais adiante no exercício.

Agora feche os olhos. Respire fundo e mantenha a mente limpa — você não está focando nem analisando nada, só limpando a bagunça psíquica. Imagine um sinal de trânsito exatamente como seria na vida real: vermelho em cima, amarelo no meio, verde embaixo. Comece a aquecer seus instintos fazendo perguntas práticas. Por exemplo, pergunte: "Meu cabelo é louro?" e veja que cor aparece na sua mente. Você deve usar as três cores do sinal de trânsito imaginado como respostas: Vermelho é não. Verde é sim. Amarelo indica talvez ou incerteza. Faça outras perguntas para as quais você sabe as respostas, como:

* "Sou mulher?"
* "Hoje é sábado?"
* "Estamos em 2045?"

Esse tipo de pergunta vai dar uma leitura básica para você prosseguir. Faça também uma pergunta com resposta "talvez", já que essa é sempre uma resposta possível.

Nesse ponto, você vai estar pronta para entrar nas suas principais preocupações. Não pense, só pergunte. Que cor aparece? Essa é sua resposta, e isso basta!

LINGUAGEM CORPORAL

A reação do seu corpo faz parte da sua intuição, então comece a ouvir o que ela está lhe dizendo. Se você tomou uma decisão há pouco tempo e se sente ansiosa e agitada, não descarte isso como se fosse uma empolgação nervosa. Pode ser que seu corpo esteja reagindo ao que ele sabe que foi uma escolha ruim, tentando desesperadamente alertá-la. Por outro lado, uma sensação de paz ou uma onda de energia positiva pode indicar que você *está* seguindo sua intuição e que seus sistemas físicos estão serenos. Se a ansiedade a estiver enlouquecendo por causa de uma decisão tomada, tente limpar a mente e usar o método do sinal de trânsito que acabamos de discutir para ver se você está mesmo no caminho certo ou se está tomando um atalho infeliz.

SONHANDO COM UMA INTUIÇÃO MELHOR?

Seus sonhos são um dos melhores indicadores da sua intuição. Isso acontece porque, quando você sonha, está usando a mente subconsciente em vez da mente consciente, que muitas vezes está abarrotada de planos alternativos, medos relacionados ao futuro e aquela coisinha incômoda chamada lógica.

No entanto, é fácil ficar confusa com os sonhos, já que muitas informações intuitivas chegam na forma de símbolos que podem parecer bizarros para o intérprete não treinado. O capítulo 15 vai mostrar como decodificar os acontecimentos noturnos, e você sempre pode procurar ajuda on-line para interpretar os símbolos que não estiverem listados.

Comece a fazer um diário de sonhos para ajudá-la a seguir o que sua mente está lhe dizendo, ainda mais se você estiver passando por um momento especialmente problemático ou difícil. Sua mente *quer* dar o conselho de que você precisa! Pegue-o, siga-o e fique tranquila.

PARE DE ANALISAR!

A coisa mais importante em relação a confiar no seu instinto é aceitá-lo. Essa pode ser uma tarefa incrivelmente difícil para pessoas que precisam analisar cada pensamento que têm e cada movimento que fazem. Embora seja possível falar do planejamento e da organização dos aspectos de longo prazo da sua vida, muitas coisas fogem do seu controle. A vida vai fazer o que quiser, e às vezes você só precisa deixar rolar.

Por exemplo, se você está usando a intuição para descobrir se deve ou não comprar uma casa específica e é uma casa que você quer de verdade — e sua intuição está dizendo: "Este lugar não é para você!" —, você precisa estar disposta a aceitar isso. Não tente descobrir por que sua mente está resistindo aos seus desejos, apenas confie que há um motivo. Quando você confia na intuição, nunca se arrepende. Sua bússola interna não está criando novas direções para você seguir, só a está conduzindo pelo caminho que você já sabe que deveria seguir.

TOQUE, SINTA, LEIA

A psicometria é uma forma de PES que alguns wiccanos usam e muitas pessoas consideram intrigante. É a capacidade de segurar um objeto que pertence a outra pessoa e fazer uma "leitura" dessa pessoa. No capítulo 18, sobre visão remota e clarividência, falo sobre médiuns que ajudam a solucionar crimes. Nesses casos, é comum nos pedirem para segurar alguma coisa que pertence a uma pessoa desaparecida ou um suspeito, na esperança de captar uma sensação ou emoção que seja útil para a investigação.

É bem possível que você já tenha feito uma psicometria sem perceber.

Você já usou uma peça de roupa ou joia vintage e se sentiu ansiosa ou "desligada" de alguma forma? Não foi porque a crinolina estava arranhando ou o diamante cegava a sua visão; provavelmente foi porque a pessoa que usou os objetos antes estava com a mesma sensação de nervosismo. Tecidos e metais são elementos "absorventes"; roupas e joias agem como esponjas paranormais e podem absorver as vibrações de quem as usa. Essas vibrações — energias felizes ou tristes, dependendo do proprietário — muitas vezes perduram por séculos, de modo que objetos antigos ficam impregnados por elas.

Bem, eu sei que isso pode fazê-la surtar, mas as vibrações podem ser mais fortes se as roupas ou joias foram usadas por alguém que estava morrendo (ou que morreu de fato) enquanto as usava. No entanto, isso só acontece se a pessoa não estava em paz com a passagem para o próximo plano. Roupas e acessórios que vêm de pessoas prontas para seguir em frente costumam estar envoltas em uma sensação de serenidade e paz.

Dica da Leanna

Você *nunca* deve passar alianças de noivado ou casamento ou vestidos de noiva para os filhos ou netos se você tiver se divorciado ou sido infeliz no casamento. Isso atrai problemas!

Você também pode usar a psicometria para ter uma boa primeira impressão de uma pessoa. Você já leu o livro de Stephen King, *A Zona Morta*, que também foi transformado em filme e depois em série? O personagem principal, Johnny Smith, tem a capacidade de tocar nas pessoas e ver o futuro delas. No caso dele, isso geralmente envolve a visão de uma morte violenta, uma guerra nuclear ou o envolvimento em um crime hediondo. Mas não deixe que isso a desanime. É muito mais comum usar a psicometria para ter uma ideia geral de alguém ou do que está ao seu redor do que para visualizar um desastre terrível.

Então como você coloca esse sentido psíquico para funcionar?

1. Treine com uma amiga ou com um amigo. Quando vocês se encontrarem para almoçar ou fazer compras, peça que ela não conte nada sobre como foi o dia dela até ali, depois segure a sua mão como se fosse cumprimentá-la. Feche os olhos e se concentre na energia que está captando.
2. Deixe seus sentidos falarem com você de verdade. Você captou um arrepio? Sua cabeça começou a doer de repente? Sentiu um calor súbito?
3. Interprete essas sensações. Por exemplo, é possível que sua amiga ou amigo tenha acabado de passar por uma gripe? Lembre-se de que as sensações não precisam ser literais, embora você possa receber alguma coisa bem direta. Você também pode ter uma vaga sensação de desconforto geral, que é mais difícil de interpretar, mas dá uma ideia do que pode estar acontecendo com sua amiga ou amigo.

Ao aperfeiçoar essa habilidade, você pode usá-la para ter insights durante negociações comerciais e interações pessoais. O simples aperto de mão de um colega ou sócio pode alertar em relação ao que a outra pessoa pretende! Descubra se seu vizinho está bem. Saiba com um toque (inocente) se a pessoa do seu encontro às cegas vale a pena. Você pode fazer tudo isso com uma das mãos amarrada nas costas, só precisa que a outra mão esteja livre para fazer uma investigação.

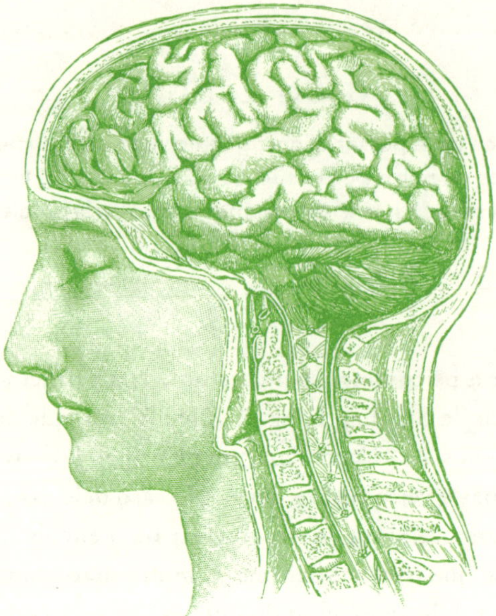

TELEGRAMAS CEREBRAIS E MENSAGENS TELEPÁTICAS

Os fãs dos filmes *Star Wars* sabem que os *jedis* tinham excelentes habilidades de telepatia — enviar e receber ondas de pensamento. Algumas pessoas chamam de ler mentes, outras chamam de se comunicar sem falar. Seja como for, a telepatia é muito conveniente, ainda mais se você estiver em uma sala lotada e não estiver com vontade de gritar.

Todos já tivemos momentos telepáticos. Talvez você estivesse conversando com uma amiga e soubesse exatamente o que ela ia dizer antes de abrir a boca, ou talvez vocês tenham dito a mesma coisa ao mesmo tempo. Esse é o resultado de estar no mesmo comprimento de onda de pensamento. Como você já sabe, isso é facilmente alcançado com algumas pessoas (seus melhores amigos ou entes queridos, por exemplo), mas não tão facilmente com outras (um chefe mais reservado).

Já que você pode usar a telepatia a seu favor, ainda mais no caso de um chefe ou colega de trabalho com quem não consegue se identificar, essa é uma habilidade importante para ter na sua caixa de ferramentas psíquicas. Para aprender a enviar e receber mensagens telepáticas, você vai precisar de uma amiga ou amigo disposto e de mente aberta, de preferência alguém com quem você já compartilhou ondas mentais no passado. Depois de aprender a usar ondas cerebrais, você vai poder trabalhar por conta própria. Por enquanto, encontre-se com essa amiga ou amigo e siga estas etapas:

1. Relaxe. A meditação e a visualização regulares (discutidas posteriormente neste capítulo e em outros capítulos) são essenciais para aquecer suas tendências telepáticas. Existem partes do seu cérebro que precisam estar abertas às possibilidades que a cercam; se estiverem fechadas, você pode se esquecer de pegar ou enviar mensagens pelo éter.

   Portanto, antes de começar, dê um tempo para você e seu adorável assistente se recostarem e relaxarem a mente durante dez ou quinze minutos.
2. Decida qual dos dois será o remetente e qual será o receptor. Aqui nesse caso, você será o remetente.
3. Quando os dois estiverem relaxados, visualize uma imagem que deseja enviar. Digamos que você esteja transmitindo o pensamento de uma bola de basquete. Torne a bola real na sua mente: a perfeição arredondada, o material nodoso e emborrachado, até mesmo o cheiro. É melhor começar com uma imagem em vez de um pensamento, porque uma imagem é um pacote compacto que não está sujeito a se perder na tradução, como poderia acontecer com uma frase. Ao aperfeiçoar suas habilidades, você também vai poder enviar e receber pensamentos.
4. Imagine um tubo ligando o seu cérebro ao do seu amigo ou amiga. Agora, mande a bola de basquete pelo tubo. Mantenha a representação da bola de forma clara e firme na mente enquanto seu amigo ou sua amiga recebe a imagem.

É necessário praticar para aperfeiçoar essa técnica. Mesmo que você e seu amigo ou amiga possam ser parecidos, vocês não costumavam acessar propositalmente essas partes da mente até o momento. Portanto, seja paciente, sirva uma taça de vinho, se quiser, e divirta-se com ela! (Beber mais de um copo pode entorpecer seus sentidos.)

Quando você pegar o jeito de telegrafar com a mente, coloque em uso quando mais precisar: em sua avaliação anual no trabalho (envie a mensagem "Sou uma ótima funcionária, e você precisa aumentar meu salário!"); em um encontro animado (experimente "Olhe só como sou bonita e inteligente!"); ou mesmo quando você levar o carro para consertar (algo como "Você vai ser honesto e não vai me cobrar demais por esse conserto!"). Tente usar a técnica em todas as situações possíveis e espere os benefícios irem até você. No entanto, tenha em mente que pensamentos negativos ou desonestos nunca devem ser telegrafados — isso pode atrair uma energia negativa e gerar um carma ruim.

ABRA A PORTA PARA HABILIDADES SUPERPSÍQUICAS

Até agora, falamos sobre usar a intuição para ajudar na tomada de decisões. Esse é o primeiro passo para levar suas habilidades psíquicas para o primeiro plano da sua mente, onde elas devem estar. Depois de ficar especialista em usar suas percepções para avaliar o mundo ao redor, você pode começar a usar essas mesmas habilidades para prever o que vai acontecer. Não estou falando de tomar decisões do tipo sim ou não na vida diária, estou falando de usar o insight para ver o que o universo reservou para você.

A essa altura, posso ouvir todas vocês dizendo (e não só porque sou vidente!): "Ah, para com isso. Se eu pudesse prever o futuro, seria rico e nada de ruim aconteceria comigo nem com a minha família!". Se ao menos os poderes psíquicos funcionassem dessa forma... Depois de ler o capítulo 1, que fala sobre reencarnação, você sabe que todos fomos colocados na vida para aprender várias lições, e talvez essa não seja a hora de você levar uma vida perfeita e encantada. Os wiccanos sabem que existe uma atração e um impulso nítidos no cosmos e que não devemos ver tudo antes de acontecer, ainda mais no caso de momentos que pretendem nos ensinar alguma coisa. Portanto, não espere receber todas as respostas para aquela prova importante que você vai fazer!

Dito isso, os videntes muito habilidosos podem e, de fato, veem o futuro. Posso lhe contar alguns dos segredos para acessar essa habilidade aqui e agora.

Usar a intuição é um passo necessário para se tornar vidente, e isso envolve em grande parte sentar e ouvir o que seus instintos estão dizendo. Mas a PES também depende de treinar um pouco o músculo mental. Pode parecer contraditório, mas o que estou dizendo é que você precisa *usar* regularmente o lado direito do cérebro — o lado que é responsável pela criatividade e pela intuição e que é receptivo a mensagens psíquicas. É como fortalecer qualquer outra parte do corpo. Se você nunca levanta nada mais pesado do que uma lata de atum, não pode esperar ter bíceps protuberantes. Se andar de carro o dia todo, seus quadríceps vão se transformar em gelatina. E, se você nunca trabalhar as partes criativas e visuais do cérebro, elas não vão cuspir informações quando você mais precisar. Portanto, me considere sua treinadora psíquica e me deixe orientá-la no seu primeiro exercício.

MANOBRAS DE MEDITAÇÃO

É impossível dizer o quanto é importante reservar um tempo para aquietar a mente e não se concentrar em nada. Sei que parece um luxo, mas, quando você faz isso, sua mente se abre de verdade para as coisas de que estamos falando — as coisas que você não consegue ver, só sentir. Quando você aprende a se colocar em um estado profundo de meditação, muitas coisas se tornam claras como cristal. Falamos sobre meditação em outras partes do livro, mas sempre ligada a outro processo ou atividade. Aqui, vou contar tudo que você precisa saber sobre a meditação em si, passo a passo:

1. Verifique se você não está exausta a ponto de cair no sono. A meditação envolve se colocar entre os mundos do sono e da vigília — você não quer escorregar pela borda e cair em um cochilo.
2. Encontre um local tranquilo sem distrações. Verifique se a temperatura está agradável e se você tem um lugar confortável para se sentar ou se deitar.
3. Acenda algumas velas, feche as cortinas e coloque uma música calma para tocar. As melodias binaurais, que são gravadas de maneira especial e podem induzir ondas cerebrais relaxantes, são especialmente úteis para levá-la a um estado meditativo. Você pode baixar esse tipo de música on-line.
4. Deite-se ou sente-se no chão ou em uma cadeira. Algumas pessoas gostam de meditar de pernas cruzadas ou em posição de lótus, outras preferem manter os pés apoiados no chão. Fique na posição em que vai se sentir confortável durante quinze a vinte minutos. (Se você não for um iogue, isso provavelmente significa que a posição de lótus deve ser descartada.)
5. Feche os olhos. Concentre-se em um som. Pode ser o tique-taque do relógio, o zumbido de um ventilador, a música binaural, o zumbido da fornalha. Respire fundo: inspire pelo nariz e expire pela boca.
6. Reconheça todos os pensamentos que venham à mente e se imagine colocando-os em uma caixa para acessar depois. Agora é um momento de silêncio no cérebro.
7. Nesse momento, só relaxe no vazio pelo tempo que conseguir.

Isso é meditação. Mais nada. Parece tão fácil — tipo, quem não consegue desligar o cérebro? —, mas você ficaria surpresa com o quão difícil pode ser. É compreensível; todos levamos uma vida tão ocupada, cheia de compromissos, responsabilidades e atividades, que pode ser difícil encontrar aquele lugar tranquilo na mente onde o espírito reina supremo. Mas é por isso que precisamos meditar: para não perdermos essa noção de identidade.

O que a meditação tem a ver com se tornar vidente? O cérebro da maioria das pessoas está tão entulhado de *coisas* do dia a dia que não consegue ver a floresta por trás das árvores, digamos assim. Conheci uma mulher que trabalhava ao lado de um cara totalmente apaixonado por ela. Isso era óbvio para todos ao redor, mas ela reclamava que era invisível para os homens! Ela estava tão sobrecarregada com o trabalho e as atividades externas que não conseguia ver o que estava bem na frente. Por causa da condição do cérebro entulhado, ela jamais poderia ter acessado os poderes psíquicos se precisasse deles. Se eu acho que cinco a dez minutos de meditação algumas vezes por semana poderiam tê-la ajudado a resolver a vida amorosa? Com certeza. Isso a colocaria em contato com a intuição, com o mundo ao redor, e abriria todos os tipos de "buracos de minhoca" para ela viajar até o lugar onde pudesse usar os poderes de previsão.

VEJA O QUE SUA IMAGINAÇÃO PODE FAZER

Embora eu esteja falando com você sobre a previsão de eventos reais, ser vidente requer despertar também seus poderes de imaginação e visualização. Essa atividade é um pouco diferente da meditação, onde você deseja afastar tudo e simplesmente *ser*. Mas os exercícios de visualização e imaginação começam como exercícios de meditação e caminham lado a lado.

Encontre um local tranquilo, fique em uma posição confortável e feche os olhos, como faria para começar a meditar. Dessa vez, porém, leve alguma coisa — um evento, uma preocupação, um desejo — para o seu pensamento. Brinque com as imagens, levando-as para onde quiser. Você está controlando a história agora; pode experimentar ambientes diferentes, personagens diferentes, finais diferentes.

Você pode estar se perguntando por que precisa de todo esse esforço para praticar a visualização e a imaginação, em vez de se concentrar só na previsão. Mesmo que seu único objetivo seja a previsão (abordada no próximo capítulo), aprender a prever eventos usa a mesma parte do cérebro que abriga a imaginação; portanto, aprender a acessar e a usar essa região da mente para a visualização também fortalece o músculo da previsão.

Não seja um descrente

Talvez um dos aspectos mais importantes de se tornar e continuar sendo vidente seja *acreditar* nas suas habilidades. Quando você hesita, gagueja ou se questiona o tempo todo, não é possível extrair nenhuma visão dessa autodúvida. Você vai começar a jogar sua intuição pela janela quase no mesmo instante, fazer escolhas erradas e perder a fé em todo o processo. É por isso que a maioria das pessoas acredita que *não* é vidente! Portanto, siga o conselho de uma mulher que vê e ouve o futuro: a informação está por aí, e grande parte dela está à sua disposição (e parte dela irá até você mesmo quando você não pedir). Aceite esses dons quando eles chegarem, use-os para fazer o bem se e quando puder e aprenda a aproveitar os benefícios de viver a vida em todos os planos possíveis.

WICCAPÉDIA

CAPÍTULO 13

VIBRAÇÕES UNIVERSAIS PARA VER O FUTURO

SHAWN ROBBINS

Todas as pessoas intuitivas têm seus pontos fortes e fracos. Algumas são clarividentes, outras são praticam catoptromancia. Clarividentes e catoptromantes usam as mesmas vibrações universais. Não importa o método que você usa, porque o resultado será o mesmo. Se você for uma excelente decifradora de imagens (que costuma dizer: "Ah, olhe só como aquela nuvem parece uma árvore!" ou "Uau, essa mancha parece uma garra!"), a catoptromancia pode ser a *sua* praia.

Esses objetos maravilhosos não são só um pedaço qualquer de cristal; eles são cuidadosamente elaborados com os melhores materiais encontrados no nosso planeta. Costumam ser transparentes, e o tamanho varia de uma bola para outra: a menor pode caber no seu bolso, enquanto as maiores podem alcançar o tamanho de bolas de basquete. Qualquer que seja o tamanho, as bolas de cristal costumam ser colocadas em um suporte para que não saiam rolando. Basta uma almofadinha, embora algumas bolas já sejam vendidas com suportes. Você deve limpar sua bola de cristal uma vez por mês, lavando-a com cuidado em água salgada ou deixando-a ao ar livre sob a lua cheia durante a noite.

O APELO DA CATOPTROMANCIA

A catoptromancia é um jeito de ter visões espirituais e prever o futuro olhando para uma superfície reflexiva ou mutável de algum tipo. A maioria dos catoptromantes usa uma bola de cristal ou uma tigela de água para evocar suas visões, mas outros usam espelhos, cristais, pedras reflexivas ou luminescentes, ou até mesmo fumaça e fogo. Dizem que um especialista consegue ter visões em coisas tão pequenas e aparentemente insignificantes quanto uma unha.

A contemplação psíquica é uma prática popular de séculos, mas por razões diferentes. Algumas sociedades usavam a catoptromancia como meio de se conectar com Deus, enquanto outras entendiam que essas visões eram uma ligação com o universo em geral. De qualquer maneira, a catoptromancia sobreviveu ao tempo e ainda é praticada hoje em dia, embora geralmente não seja muito respeitada entre os especialistas em campos espirituais ou científicos.

Eu acho que a catoptromancia é um dom individual, impossível de entender ou apreciar a menos que você realmente *consiga* fazer isso. E se você acha que não consegue praticar catoptromancia, pense duas vezes. Estudos recentes de privação sensorial nos deram alguns insights sobre como e por que as visões aparecem, sugerindo que os catoptromantes basicamente afastam as distrações do mundo exterior, permitindo que seu olho psíquico veja o que ninguém mais vê. Nos experimentos *Ganzfeld* (em alemão, "campo completo" ou "campo inteiro"), os participantes foram privados de som e luz por um período. Depois, os participantes relataram o que viram ou não. Meses depois, muitos ficaram surpresos ao descobrir que suas visões eram presságios de coisas que iam acontecer. A teoria é que, ao bloquear os sentidos físicos, você se permite acessar áreas da mente que muitas vezes são ignoradas e silenciadas.

Os experimentos *Ganzfeld* colocam a pessoa em transe, e você pode tentar isso em casa sem os sinos e assobios de um ambiente de laboratório, embora precise de um espaço silencioso. Desligue a TV e o rádio. Coloque o cachorro para fora do cômodo. Se seu apartamento ou sua casa está rodeado pelo barulho constante de motocicletas, sirenes e tráfego aéreo, ligue um ventilador para ter um ruído branco. Agora sente-se confortavelmente na cama, em uma cadeira, na mesa da cozinha, no chão, onde quiser. Escolha um ponto na parede à sua frente e olhe fixamente para ele. Deixe a visão ficar embaçada, se quiser. Respire fundo e continue a se concentrar naquele ponto. Em alguns minutos, o ponto vai começar a escurecer, sugerindo que o seu sentido de visão se cansou. Você pode continuar nesse ponto — o que você consegue "ver" com os olhos da mente? — ou direcionar o olhar para outra área do cômodo para voltar a si e recuperar os sentidos.

EU VEJO A HISTÓRIA DA CATOPTROMANCIA

No antigo Egito, os sacerdotes e sacerdotisas usavam a catoptromancia para prever o futuro. Eles derramavam óleo ou água em um recipiente escuro e esperavam que as imagens aparecessem, usando-as para prever o resultado de uma guerra, a melhor época para plantar ou a melhor época para conceber um filho. As imagens eram escuras e confusas, mas isso não importava. O importante era a *interpretação* delas.

Com o passar dos séculos, a arte da catoptromancia evoluiu. Algumas pessoas usaram-na como forma de meditação para entrar em contato com o lado espiritual. Outros videntes olharam para objetos reflexivos e, talvez por causa das mudanças nas ondas alfa do cérebro, conseguiram entrar em estados hipnóticos ou transes autoinduzidos nos quais previram eventos futuros.

Alguns estudiosos acreditam que Nostradamus, o famoso vidente francês do século XVI, usava a catoptromancia como método de divinação. Dizem que ele costumava olhar para uma tigela de água para provocar esse estado especial de consciência ao escrever suas famosas quadras prevendo guerras, mortes e calamidades mundiais.

Só na Era Vitoriana os ciganos, com seus cabelos escuros e esvoaçantes, joias de ouro e vibrante senso de estilo e vestimenta, trouxeram a atenção de volta para a bola de cristal. Os ciganos eram bem versados nessa arte divinatória e muitas vezes cobravam preços altos de qualquer um que quisesse ler a própria sorte. Embora os romani fossem muito difamados naquele período, também eram conhecidos por serem muito bons em catoptromancia. Na verdade, os ciganos elevaram essa ciência mística a uma forma de arte. Suas habilidades divinatórias eram tão reverenciadas que, quando as pessoas que moravam em vilas e cidades viam as carroças chegando, juntavam dinheiro e corriam para ler a própria sorte antes que os ciganos pegassem a estrada de novo!

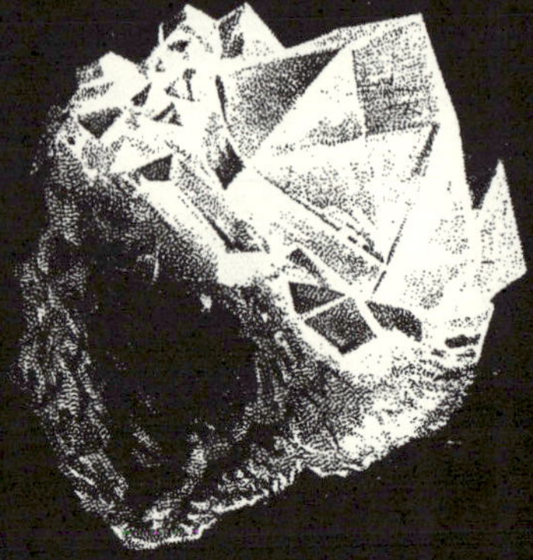

APRIMORAMENTO DOS CRISTAIS

Na época Vitoriana, bruxas, feiticeiros e magos começaram a levar essa forma ancestral de leitura de cristais a um nível ainda mais alto de desenvolvimento e habilidade. Eles refinaram a técnica de catoptromancia escolhendo cristais com propriedades específicas ligadas a eles e usando esses cristais para divinação, cura e iluminação. Se uma consulente tivesse um problema de fertilidade, por exemplo, ela segurava um ou mais cristais — geralmente uma pedra da lua e/ou um quartzo rosa — enquanto a bruxa olhava para a superfície de catoptromancia. O cristal eliminava as forças negativas que cercavam a pessoa, abrindo o caminho para a paz e a satisfação. O lápis-lazúli era, e ainda é, usado com frequência para ajudar as pessoas a encontrarem a paz interior, enquanto o quartzo rosa proporcionava amor e autocura. Existem tantas pedras por aí que sua mente pode ficar confusa, então use a lista simples a seguir como um guia inicial (e consulte o capítulo 8, "O poder dos cristais", para obter mais informações sobre cristais):

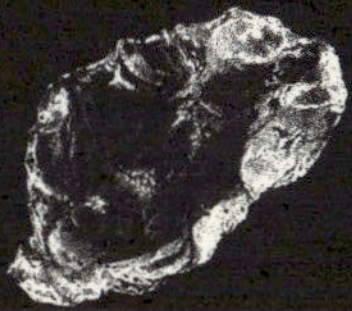

Ametista: Consciência superior
Ágata azul: Consciência interior
Citrino: Dinheiro e sucesso
Hematita: Oportunidade
Quartzo: Clareza da mente
Safira: Verdade
Malaquita: Vidas passadas

Para aumentar o poder da visão, escolha um cristal relacionado ao motivo da catoptromancia.

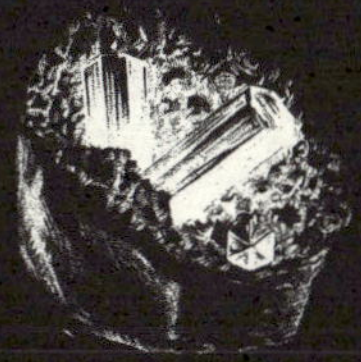

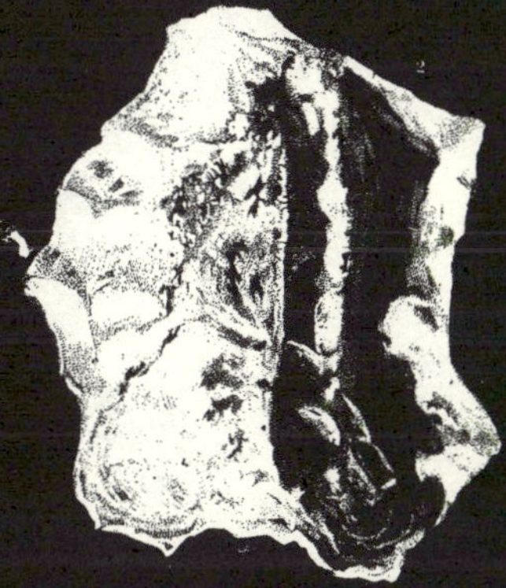

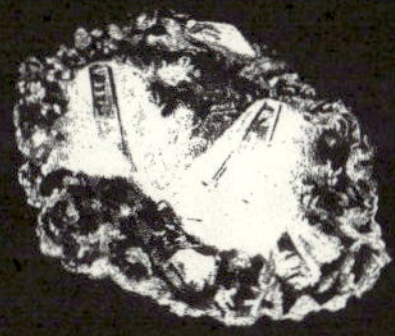

CONECTANDO-SE COM A BOLA DE CRISTAL

Se você quiser experimentar uma bola de cristal, dê uma passada em uma loja de produtos esotéricos. Você também pode comprar uma bola de cristal pela internet, mas, como eu acredito que você deve ser atraído por um cristal, recomendo que tente comprar uma pessoalmente para poder escolher aquela que "fala" ou "se conecta" com você. É muito mais fácil encontrar uma boa combinação se você puder pegá-lo, segurá-lo, sentir as vibrações e se conectar com o cristal. Recue, veja a variedade de bolas disponíveis na loja e analise o que lhe parece atraente. Uma cor? Um material específico? Segure cada bola que você gostar e feche os olhos por um instante. A bola tem uma energia que você consegue sentir? O peso parece bom? Você fica feliz segurando-a?

Algumas bolas têm imperfeições — borrões, manchas ou bolhas dentro do cristal —, enquanto outras são perfeitamente claras. As imperfeições não são necessariamente ruins; na verdade, elas podem muito bem ajudá-la com as suas visões. Mais uma vez, esse assunto é puramente pessoal. Alguns catoptromantes conseguem conviver com umas pequenas falhas e outros se distraem com elas, então você deve escolher a bola que lhe parece certa.

LIBERE SUA MENTE E LEIA

Assim como acontece com outras ferramentas de bruxaria, você precisa conhecer sua bola de cristal na privacidade da sua casa. Comece a primeira sessão criando um ambiente relaxante e calmante. Coloque uma música, se isso ajudar. Diminua as luzes.

Coloque a bola no suporte ou almofada sobre uma mesa. Acenda uma vela branca e coloque-a perto da bola. Sente-se em uma cadeira confortável, feche os olhos e medite por um instante. Concentre-se em remover as distrações da sua mente. Chamo isso de uma espécie de *desfocalização*, permitindo-se cair em um estado de espírito quase onírico. Respire fundo.

Abra os olhos agora e olhe para a bola, mas mantenha esse estado desfocado. Para ver o futuro, você não precisa perguntar nada. Você pode ver uma nuvem tomando forma na bola; você pode ter visões. Você não está tentando ver nada específico, então aceite o que aparecer e não tente apressar. Outra versão da catoptromancia envolve fazer uma pergunta à bola de cristal e depois inferir a resposta a partir daquilo que você vê. Veremos como interpretar as visões um pouco mais tarde.

Os puristas das bolas de cristal acreditam que as visões aparecem à luz da lua cheia, embora eu conheça catoptromantes que leem a bola sempre que têm vontade. E o que eu digo? Lembro a você que *todos* esses métodos estão sujeitos a modificações, então você deve fazer o que achar melhor.

NASCEMOS COM WI-FI NATURAL

Há um tempo, eu estava sentada sonhando acordada e meus olhos desviaram sem querer para a minha televisão, que estava desligada naquele momento. Comecei a ter os mesmos tipos de visões na tela desligada que costumo ver na minha bola de cristal. Isso deve ter acontecido porque eu estava quase em estado de transe, e minha mente estava sem nenhuma distração. Mais tarde, decidi experimentar: liguei a televisão, mas, em vez de colocar em um canal específico, desparafusei o conector do cabo e coloque-a em uma tela vazia com ruído branco. O ruído branco costuma ser usado para se conectar com fantasmas e espíritos que procuram se comunicar com os vivos, então comecei a pensar: "Por que não usar na catoptromancia? Talvez alguém por aí tenha alguma coisa a compartilhar comigo por meio do ruído branco". E quer saber? Fiquei maravilhada com os resultados! Em alguns aspectos, as visões que encontrei eram muito mais claras do que os métodos de divinação que eu tinha tentado no passado.

Como você pode não ter uma bola de cristal, esse método é um ótimo jeito de testar a habilidade de catoptromancia sem investir em uma ferramenta cara. Essa é uma arte divinatória totalmente nova chamada "catoptromancia com plasma". É simples e grátis, cortesia do programa *Além da Imaginação*!

O primeiro passo para uma catoptromancia com plasma bem-sucedida é verificar se a televisão está desligada ou configurada para um canal vazio. Não limpe a tela. Quaisquer borrões ou manchas podem fazer parte das suas visões, e não as prejudicar. Os próximos passos importantes são:

1. Não desligue todas as luzes da sala, senão você não vai conseguir ver nenhum reflexo na tela da televisão. Além de qualquer iluminação da sua sala, você também vai precisar de uma vela branca. Gosto de usar uma velinha branca em um copo.
2. Comece fazendo esta oração: *À tecnologia nascida, dou-lhe luz para me mostrar o caminho até a minha própria luz interior. Que assim seja.* Escreva isso no seu Livro das Sombras para referência futura.
3. Agora, acenda a vela branca e coloque-a na frente da televisão. Confirme se a luz da vela está lançando um brilho ou luz cintilante na tela.
4. Olhe para a tela da televisão e comece a sonhar acordada.
5. Na sua mente, faça uma pergunta à televisão sobre qualquer coisa que seja importante para você: companheiro ou companheira, emprego, carreira ou família. Em mais ou menos dez minutos, a resposta deve ser revelada.

LENDO OS RESULTADOS

Lembra de quando você era criança olhando para as nuvens no céu e jurando que elas pareciam dragões, rostos, foguetes ou outras formas imaginárias na sua mente? Algumas das imagens eram assustadoras, algumas eram reconfortantes, outras simplesmente estavam lá. Quero que você use essa mesma habilidade para associar uma imagem às luzes que piscam na tela da televisão. A imagem parece escura e assustadora ou feliz ou acolhedora? Que sentimentos você tem com a imagem?

É aqui que entra em jogo um estado de espírito semelhante ao de um transe. Para interpretar o que está vendo, você precisa sair do plano mental e entrar em um estado de desligamento onde essas imagens podem ganhar vida. As pessoas às vezes me perguntam como "ler" o que estão vendo, como se houvesse respostas certas, erradas ou definitivas no mundo da catoptromancia. Tudo que você vir vai estar relacionado às suas próprias experiências ou, se estiver lendo para outra pessoa, vai estar conectado a alguma coisa que está acontecendo na vida dessa pessoa. Digamos que você tenha a visão de uma flauta — e sua avó era flautista. Talvez a mensagem que está chegando seja dela ou sobre ela. Se for difícil ver alguma coisa ou a visão parecer muito pequena, isso provavelmente significa que é um evento passado ou uma coisa que vai acontecer em um futuro distante. Visões fortes e claras indicam algo iminente.

As cores das visões também podem indicar o que está por vir:

BRANCO: Proteção, energia positiva
VERMELHO: Perigo
LARANJA: Raiva
AMARELO: Problemas, obstáculos à frente
AZUL: Sucesso
VERDE: Felicidade, saúde
PRETO, CINZA: Energia negativa

E se nada — nadinha — acontecer e você ficar sentada olhando para uma tela vazia por dez minutos? Continue lendo para descobrir.

ESCRIADORES MENORES

Se a tela da TV ficar vazia ou se você não estiver perto de uma TV, pegue o notebook e abra, mas não ligue. Coloque-o no colo. Repita todos os passos anteriores, mas sem a vela acesa, para evitar que você ou seu computador pegue fogo.

Se nada disso funcionar para você, pegue seu smartphone. Encare o reflexo na tela por cinco minutos. (De novo, não acenda uma vela. Você já tem problemas suficientes tentando evocar uma imagem.) Aposto meu chapéu de bruxa que você vai ver alguma coisa. Por quê? É como aprender qualquer outra coisa. Às vezes, para ver, você precisa começar com coisas pequenas, e uma tela minúscula pode ajudá-la a se concentrar de maneira mais rápida e clara.

O SEGREDO REVELADO

Algumas pessoas acham que, quando olharem para a TV vazia, vão ver um programa de televisão do futuro ao vivo. Não é exatamente isso que estamos tentando fazer, mas, se esse exercício inspirá-la a escrever um roteiro ou uma proposta, vá em frente.

A catoptromancia bem-sucedida não é como assistir a um programa; tudo se resume à interpretação das manchas de poeira, borrões, impressões digitais e reflexos de luz na tela. Cabe a você processar mentalmente essas imagens e formas e descobrir como elas se relacionam com você. É o mesmo princípio da observação de nuvens e pode ser aplicado a qualquer hora e em qualquer lugar.

Cada pessoa tem sua própria habilidade divinatória exclusiva. Mas, para ter sucesso nessa arte, você precisa tentar todos os métodos para encontrar aquele com o qual se sente mais à vontade e do qual mais gosta.

Dica da Leanna

Não sou a melhor catoptromante do mundo, mas tenho uma bola de cristal que adoro. Como os cristais são "vivos" — todos vêm da terra e têm seu campo de energia exclusivo —, achei que seria um toque legal dar um nome à minha bola, por isso a chamei de Clifford. Clifford fica orgulhosamente no canto do meu quarto em um suporte ornamentado. Sempre cubro Clifford com um pano roxo quando não está em uso. Isso não apenas mantém a bola limpa, sem poeira e pronta para ser usada a qualquer momento, mas também retém toda a sua energia e o seu poder sob a cor mais espiritual de todas.

Wiccapédia

Capítulo 14

Sinal Divino: Os Números Carregam a Revelação

Shawn Robbins

Algumas pessoas veem números e ficam nervosas na mesma hora. Elas suam, tremem e de repente estão de volta à aula de matemática do nono ano com a cabeça girando, sem entender um único conceito!

Se isso a descreve, seria compreensível se você evitasse o campo da numerologia. No entanto, também seria lamentável, já que a numerologia é uma das formas mais fáceis de divinação que se pode dominar. Na verdade, muitos wiccanos, inclusive eu, acreditam em um "*name-over*" místico que envolve mudar seu nome e, ao fazer isso, mudar seu destino para alcançar um caminho mais espiritual na vida (vou falar mais sobre isso depois, ao falar do seu número de destino). Juro que não existe nenhuma fórmula complexa para calcular, nenhum teorema para entender e nenhuma prova escrita.

Qual é o nível de facilidade desse jogo de números? Com o nome e a data de nascimento de uma pessoa, você pode desbloquear muitas informações sobre ela.

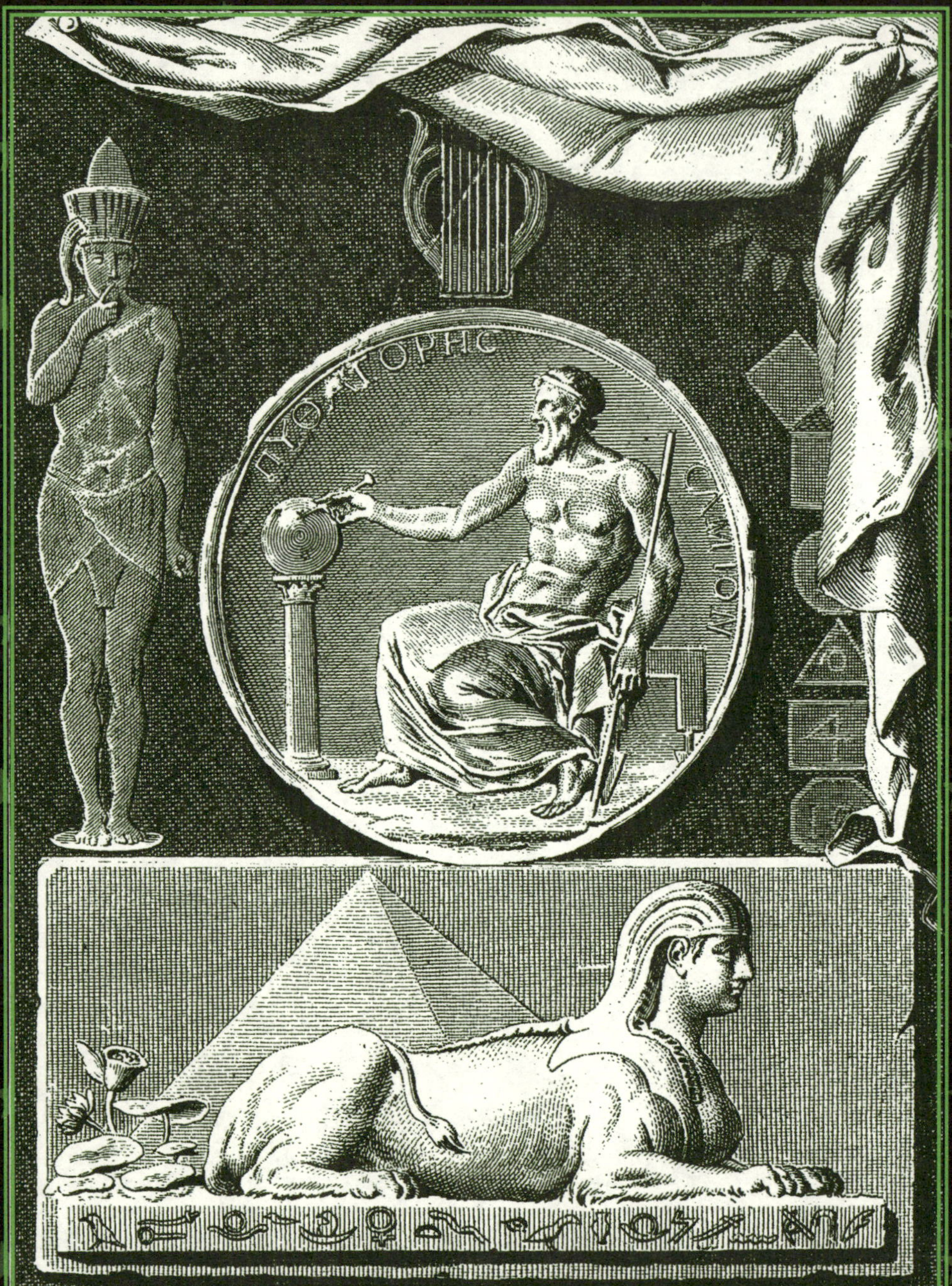
ΠΥΘΑΓΟΡΗC
CΑΜΙΩΝ

PAIXÃO PITAGÓRICA

A numerologia existe há muito tempo. Pitágoras, o famoso matemático da Grécia Antiga, refinou o sistema usado hoje em algum momento perto do século VI a.C. Embora pouco se saiba sobre Pitágoras, acredita-se que ele e seus seguidores consideravam que os números e a divinação estavam universalmente interconectados.

Ao usar o alfabeto como guia, o sistema pitagórico da numerologia atribui significado aos números para prever o futuro e intuir informações sobre o caráter de uma pessoa.

Segundo a lenda, enquanto Pitágoras estava vivo, havia aqueles que acreditavam que suas teorias eram perigosas, e outros que consideravam que seus escritos eram as divagações de um louco. Por causa disso, ele fazia os alunos (e eram muitos) jurarem segredo. No fim das contas, intimidado pelos críticos, Pitágoras embarcou para o Egito, onde estudou com os caldeus e desenvolveu ainda mais suas teorias numerológicas antes de seguir para a Itália com o objetivo de fundar sua própria escola de filosofia. Acredita-se que foi aí que surgiu seu verdadeiro brilhantismo na matemática, dando origem às suas teorias em geometria que ainda hoje são ensinadas nas escolas de todo o mundo.

CHAMADO PARA CALCULAR

Assim como Pitágoras, quando eu assistia às aulas no sétimo ano, via os números sob uma luz totalmente diferente. Para mim, eles eram vibrantes e vivos e saltavam e dançavam na lousa. Era como se os números estivessem falando comigo e cada dígito tivesse sua própria história secreta para contar.

Eu provavelmente tive o único professor de matemática do sétimo ano que nos deu um projeto que exigia uma pesquisa mais aprofundada na biblioteca local. Chamo isso de destino, por motivos que vão ficar claros daqui a pouco. Enrolada nas minhas roupas mais quentes, andei três quilômetros sob uma forte nevasca, desejando em silêncio estar com meus amigos, jogando bolas de neve. Em vez disso, eu estava indo me sentar durante horas em ambientes estéreis, lendo livros sobre teorias matemáticas.

Quando entrei naquele prédio imponente, fui direto até a bibliotecária e perguntei se tinha algum livro sobre números. Talvez ela tenha visto alguma coisa nos meus olhos que me diferenciou das crianças que passaram por aquelas portas de carvalho maciço, ou talvez ela fosse vidente e tenha visto alguma coisa dentro de mim que a levou a acreditar que eu estava procurando uma verdade muito mais profunda. Jamais saberei, mas me lembro dela me entregando um livro velho e surrado de numerologia, que levei para ler em uma escrivaninha. Quando abri o livro e olhei ali dentro, senti um calafrio na espinha. As páginas estavam repletas de informações sobre uma disciplina que era totalmente desconhecida para mim, na qual os números tinham personalidades e vibrações!

Não me lembro quanto tempo fiquei sentada à comprida mesa de madeira devorando as informações, mas o que sei é que a minha vida mudou para sempre naquele fatídico dia de neve. Eu estava prestes a embarcar em uma jornada que me levaria ao estranho e misterioso mundo da numerologia.

NOMES, NÚMEROS E PERSONALIDADE

Os antigos ensinamentos da numerologia nos dizem que um nome é mais do que uma mera coleção de letras. Essas letras são a chave do seu futuro e do seu destino e afetam a forma como os outros a veem. É muito fácil desvendar os segredos dessa arte. Para começar, você só precisa de duas informações vitais: seu nome e sua data de nascimento.

Em sua forma mais simples, nove números são usados para montar um gráfico de numerologia: 1, 2, 3, 4, 5, 6, 7, 8 e 9. Cada uma das letras do nome de uma pessoa corresponde a um número que você encontra no gráfico a seguir.

1	2	3	4	5	6	7	8	9
A	B	C	D	E	F	G	H	I
J	K	L	M	N	O	P	Q	R
S	T	U	V	W	X	Y	Z	

Digamos que seu nome seja JOANA DA SILVA. Você encontra o número do seu nome somando todos os números que correspondem às letras dele até chegar a um número de 1 a 9. Vamos ver qual será o número do nome de Joana da Silva usando o gráfico.

J=1, O=6, A=1, N=5, A=1, D=4, A=1, S=1, I=9, L=3, V=4, A=1
1+6+1+5+1+4+1+1+9+3+4+1 = 37

Agora reduzimos 37 a um único dígito somando os dígitos: 3 + 7 = 10. O nome de Joana da Silva agora se traduz no número 1 (1+0 = 1), que significa alguém que é sincero e compassivo.

Tente fazer isso com seu nome e veja o que seu número diz sobre sua personalidade. A análise completa dos números e seus significados está na próxima seção.

SEU NÚMERO DA PERSONALIDADE

1 O PROFESSOR

Se o número do seu nome somar um, você é compassiva e sincera. Você pode sentir a dor de outras pessoas e querer estender a mão e ajudar. Você não tem medo de desafios e é excelente na resolução de problemas. Os amigos vão até você com problemas em busca de orientação e ajuda. Você é uma pensadora profunda que ensina pelo exemplo, então pode esperar passar muito tempo mergulhada em pensamentos profundos. Há um lado criativo e brilhante na sua natureza, que a torna capaz de realizar qualquer coisa que planeje.

Pelo lado negativo, você pode ser extremamente mandona ou muito tímida, então tente encontrar um equilíbrio entre os dois. Você também pode ter uma tendência a mergulhar antes de olhar, então desacelere e tente não ser tão impulsiva.

2 O CULTIVADOR

O tipo dois vê o melhor em todo mundo e é muito tolerante ao lidar com os defeitos das pessoas. Você pode sentir que tem uma afinidade com os menos afortunados do que você, por isso tenta levantar o ânimo das pessoas oferecendo esperança e otimismo. Ter o dois como seu número pessoal significa que você é sábia, compreensiva e sensível. Você tem uma aura harmoniosa que torna sua personalidade magnética. Você é altruísta e carinhosa e tem qualidades de liderança que permitem que os outros se alimentem da sua positividade.

Às vezes você tende a se conter e a não se defender. A lição aqui é tentar ser mais confiante.

3 O SÁBIO

O tipo três é a primeira pessoa a quem amigos e entes queridos recorrem para pedir conselhos. A sabedoria inata do tipo três é sempre confiável, sempre disponível. Quando confrontada com os problemas ou desafios da vida, você não sai correndo por um quilômetro na direção oposta; em vez disso, você os encara. Os animais e a natureza desempenham um papel importante na sua vida, e você com certeza vai ter um ou dois animais de estimação em algum momento. Você é carismática, charmosa, positiva e determinada. Também é gentil e mais sábia do que se supõe pela sua idade e tem a capacidade de fazer todos se sentirem bem.

A autoindulgência pode ser um problema, ainda mais se você gostar de comida e conforto. Você também odeia uma rotina vigorosa, então não pode ter um trabalho monótono. Em vez disso, você prefere uma carreira mutável e criativa.

4 O BUSCADOR

O tipo quatro tem raciocínio rápido! Você tem a tendência de olhar tudo sob um microscópio bem ajustado e de ser extremamente analítica com os outros. Seu desejo sincero é explorar a vida e buscar estradas alternativas para viajar; você adora pensar em novas maneiras de fazer as coisas. Assim como o tipo três, você é uma criatura social e adora estar perto de pessoas e animais. Estabilidade e segurança são importantes na sua vida, e você sempre visa tornar tudo harmonioso ao seu redor. Como uma estrela, você brilha ao entrar em um cômodo, pois os outros acham suas habilidades de comunicação cativantes e interessantes.

Pelo lado negativo, você pode ser um pouco materialista, prestando mais atenção às posses do que deveria. Faça um esforço mais frequente para compartilhar o que você tem com as pessoas ao seu redor.

5 O ÍMÃ

Se o seu número do nome resulta no tipo cinco, você é uma pessoa confiante e segura de si. Você tem uma intuição aguçada, além de um talento para curar outras pessoas com o toque ou a voz. Você adora sonhar acordada, permitindo que os pensamentos a levem a lugares distantes, mas colocar seus pensamentos em ação também faz parte da sua natureza. Você tem a capacidade de começar com um sonho, enfrentar os desafios necessários para transformar esse sonho em realidade e se tornar um grande sucesso na vida.

Consistência e estabilidade são muito importantes para você, mas, mesmo assim, seu amor por aventuras e viagens tem um papel importante na sua vida, por isso espere embarcar para locais interessantes.

Existe alguma coisa secretamente especial em você que atrai os outros. Sua personalidade magnética é um ativo que vai ajudá-la muito na vida, mas, como às vezes você pode ficar inquieto e se entediar com facilidade, você precisa ser mentalmente desafiado, aprendendo novas habilidades para mantê-la com os pés no chão e em sintonia com assuntos terrenos.

6 O REALISTA

Caramba, como o tipo seis é teimoso e assertivo! Você se mantém firme quando sabe que está certa e raramente recua. Você está presente para quem precisa de você e é generosa com seu tempo e seu dinheiro, mas contrariá-la é um grande erro. Se for forçada demais, você tende a ser implacável e se manter firme. Você é paciente até certo ponto, mas também não é boba.

O equilíbrio e a ordem são extremamente importantes para você, por isso sua casa é arrumada e limpa. Momentos de silêncio são essenciais para sua paz de espírito, e você adora enfiar o nariz em um bom livro e se trancar por uma ou duas horas.

O fracasso não é uma palavra do seu vocabulário. Quando se depara com um desafio, você o enfrenta com vigor. Você tem uma visão realista ao iniciar novos projetos e a energia necessária para realizá-los, mas deve buscar não ser muito obstinada e tentar entender que todos têm que levar a vida no próprio ritmo.

7

O VISIONÁRIO

Aqui temos um indivíduo abençoado com habilidades extraordinárias de ver o futuro. Você tem excelentes habilidades de comunicação e se empolga com uma carreira que envolve interagir com outras pessoas.

Você tem um enorme potencial para corrigir os erros da vida e pode ficar com raiva ou irritada quando as coisas escapam do seu controle. Sendo idealista, você precisa ter cuidado para não arcar com os fardos de todo mundo; caso contrário, vai se esgotar. Você é sensível, atenciosa e estável, mas pode perder o equilíbrio por causa de vibrações negativas. Ambiciosa ao máximo, você não tem medo de diversificar e alcançar seus objetivos.

A desvantagem de uma personalidade do tipo sete? Você pode ser um pouco solitária e talvez até mesmo ser vista como indiferente. Se isso a incomoda (algumas pessoas gostam de cultivar um ar de mistério, outras não), mostre seu sorriso. Os sorrisos sempre acolhem as outras pessoas.

8

O PROFETA

Você é uma criatura complicada e interessante. Para começar, nasceu com um sexto sentido, mas precisa desenvolver seu foco psíquico para receber as mensagens que o universo lhe envia. Você tem uma capacidade tremenda de ver além do que está escrito e interpretar o que não é visto pelo olho humano. A personalidade do profeta é obstinada e determinada e sente necessidade de mudar o mundo. Você não só tem uma compreensão profunda das necessidades das outras pessoas, mas também é uma flor delicada, que requer cuidado e amor.

Sua mente é como a hélice de um avião sempre em movimento, agitando novas ideias, e isso a torna uma pessoa que define tendências e modas. Suas falhas? Você pode afastar as pessoas se elas atrapalharem seus objetivos.

9

O ANALISTA

O analítico tipo nove não tem tempo para ficar entediado. Para você, não há horas suficientes no dia para fazer tudo! Você tem uma natureza prática e metódica, é leal e sincera. Você aprende rápido e sempre coloca seus pensamentos em ação para criar uma vida ordenada e produtiva.

Seu coração é tão grande que você se preocupa profundamente com desconhecidos, bem como com amigos e familiares. Isso a torna sábia, e você aceita todas as pessoas, até mesmo (ou especialmente) as falhas delas. Mantenha a cabeça sábia bem aparafusada, no entanto, porque às vezes você pode confiar um pouco demais nas pessoas. Normalmente, seu insight inacreditável sobre a mente dos outros aparece quando você mais precisa, por isso você não deve errar com muita frequência. Por ter a mente aberta e interesse por muitos assuntos, é provável que você tenha um amplo conhecimento de todas as coisas.

Quando abatido ou infeliz, o tipo nove tende a ceder aos vícios e aos maus hábitos. Cuidado com essa inclinação e se proteja contra ela.

Jogos de nomes com números

Uma das perguntas mais frequentes que me fazem sobre numerologia é "O que acontece se eu não gostar do meu nome?". A beleza da numerologia é que ela funciona com você e com suas mudanças e trocas de nome. Escolha o nome com o qual se sente mais à vontade e trabalhe com esses dígitos. Por exemplo, digamos que o nome na sua certidão de nascimento seja Kathleen Smith, mas você sempre foi chamada de Kate. Para encontrar o número da sua personalidade, use o nome "Kate" ao invés de "Kathleen" e pronto. Trabalhe com o nome com o qual se sente mais conectada. Essa é quem você é no coração, é quem você é no universo. Observação: Se você não usa seu nome do meio com frequência, pode tirá-lo da fórmula.

SOMANDO A SORTE: SEU DESTINO E VOCÊ

Controlar o número do seu destino é outro aspecto fascinante da numerologia. Esse número descreve seus pontos fortes e como fazer seu destino trabalhar para você.

Para encontrar o número do seu destino, adicione os dígitos do mês, do dia e do ano do seu nascimento usando o mesmo procedimento simples que usou para encontrar o número da sua personalidade. Digamos que sua data de nascimento seja 18/03/1984 e você queira descobrir quais são suas missões físicas e espirituais neste plano de vida. Some 3 + 1 + 8 + 1 + 9 + 8 + 4. A soma dá 34. Some esses dígitos para encontrar o número do seu destino assim: 3 + 4 = 7.

Agora, vamos dar uma olhada no detalhamento a seguir para ver o que o destino lhe reservou:

1 Você tem habilidades de liderança fenomenais que serão úteis quando estiver subindo a escada corporativa para o sucesso. Nunca deixe ninguém influenciar suas convicções ou convencê-la a não acreditar nos seus sonhos. Siga sua intuição, e as recompensas serão imensas.

2 Você tem uma energia ilimitada e é cheio de otimismo e entusiasmo. Essas habilidades serão úteis na sua vida. Sua missão é guiar as pessoas pelo exemplo e ajudá-las a encontrarem um novo caminho caso se percam no próprio mundo de sonhos e duvidem do próprio papel na vida. É importante lembrar que, seja por meio da arte, da música, da escrita ou do ensino, você tem muito a dar aos outros na vida.

3 Você tem uma noção inata dos problemas das outras pessoas, e sua missão é ajudar aqueles que têm dúvidas sobre as próprias capacidades a encontrarem a verdadeira luz interior. Essa estrada pode ser difícil. Vai exigir que você tenha empatia, compreensão e paciência; no entanto, como você é uma cuidadora natural, essa tarefa é perfeita para você.

4 Você é uma pessoa muito positiva que se conecta a outras almas alegres e despreocupadas. No entanto, fique atento àqueles que enfrentaram tragédias pessoais e precisam da sua ajuda. Seu propósito é se tornar uma pessoa que acredita apaixonadamente no seu poder interior. Você tem a habilidade — ao estender a mão amiga com uma voz calma e curadora — de ajudar as pessoas a reciclarem o pensamento negativo para transformá-lo em pensamentos produtivos que podem curar a mente e o espírito dessas pessoas. Aproveite todas as oportunidades que aparecerem. Não tenha medo de sair da sua zona de conforto e tentar alcançar as estrelas. Ao pegar o megafone e não ter medo de falar o que pensa, você vai conseguir fazer a diferença na vida de outra pessoa. Isso pode significar se envolver em assuntos políticos ou comunitários. Existe um mundo lá fora esperando para ser explorado, e você só é limitada pela sua imaginação.

5 Você é abençoada com muita força de vontade e determinação para ter sucesso. Essas qualidades vão ser úteis quando você assumir novos empreendimentos ou se envolver em projetos que podem melhorar a qualidade de vida de outras pessoas. Haverá momentos em que você vai duvidar de si mesma e sentir os fardos do mundo pesando sobre os ombros, mas continue em frente. O mundo está contando com você para realizar seus sonhos!

6 Você é uma grande comunicadora, sempre direta e honesta. O mundo precisa de alguém como você para dizer a verdade. Você também é inovadora e motivadora. Com essas habilidades, pode ter sucesso na política ou se tornar líder em organizações comunitárias que ajudam pessoas necessitadas. Você também pode ajudar a salvar o planeta se envolvendo em projetos "verdes"!

7 Você tem o poder e as qualidades motivacionais que inspiram confiança nos outros. Isso sugere que você vai longe na vida, talvez se tornando líder mundial ou outra figura pública. O mundo com certeza é sua ostra, e você é a pérola brilhante que pode iluminar a escuridão na vida de outra pessoa. Sua verdadeira missão é inspirar, empoderar e ensinar outras pessoas a verem além de um mundo totalmente preto e branco.

8 Você tem as habilidades visionárias para ver um futuro bem distante. Você gravita em torno da ciência, da medicina ou da literatura e pode fazer novas descobertas ou publicar livros proféticos. Você vai viajar para todo lado desvendando os mistérios da vida. Você também é abençoada com habilidades criativas e de comunicação e vai usá-las para compartilhar suas experiências com outras pessoas, desafiando-as a alcançar as estrelas!

9 É provável que você se destaque em qualquer coisa que queira fazer na vida. Você é voltada para os detalhes, com qualidades de liderança que podem permitir que você transite entre os gigantes do mundo corporativo. Você é conhecida como uma mediadora cuja sabedoria une pessoas com pontos de vista opostos. Sua missão na vida é dupla: estender a mão aos outros e lhes dar confiança para ter sucesso e encorajar os outros a encontrarem a bondade superior dentro de si.

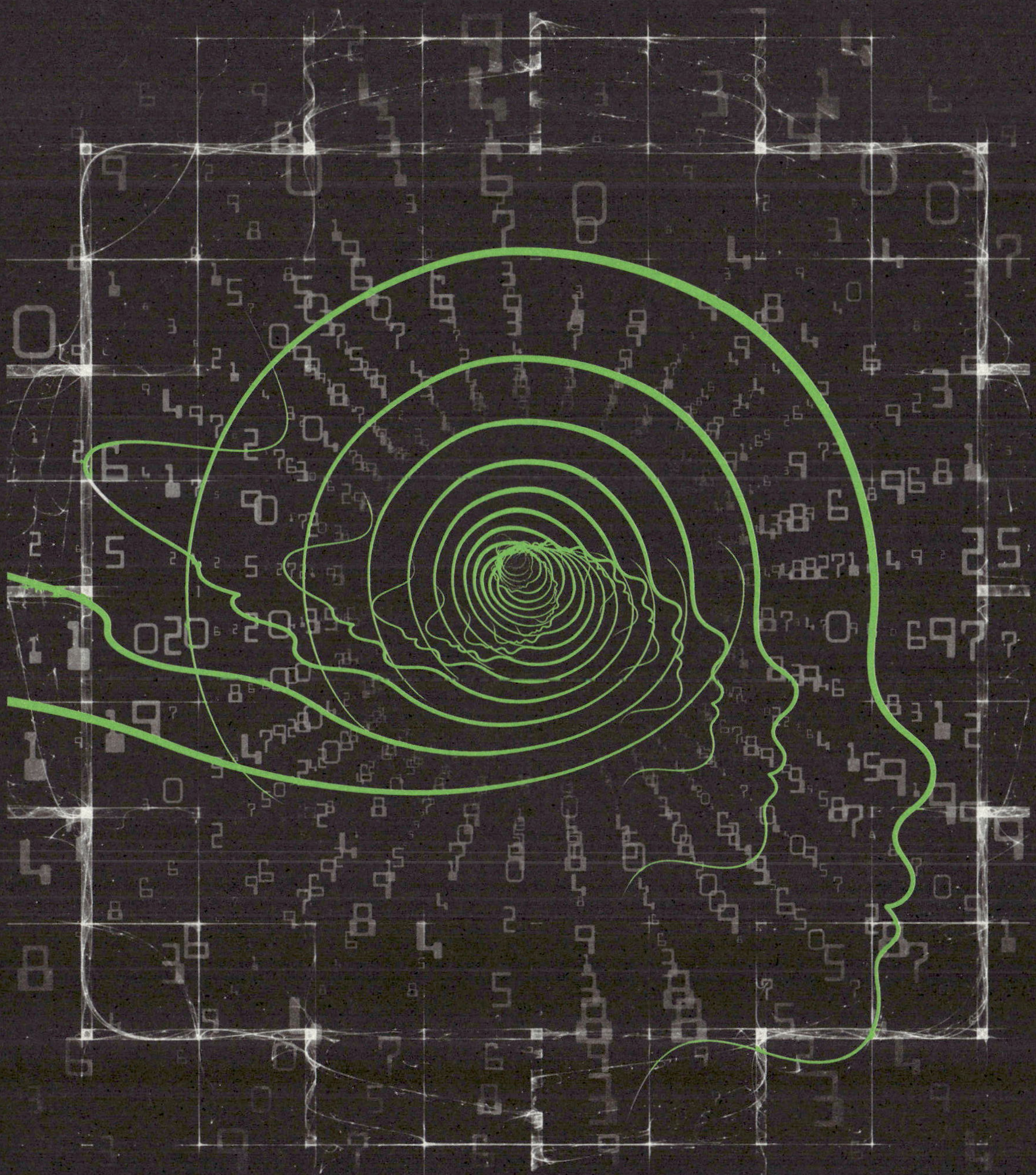

FEITIÇO MÁGICO DE ANIVERSÁRIO

Você sabe que adora seu aniversário. Mesmo com a idade aumentando, ter seu próprio dia especial é algo que nunca envelhece.

Os aniversários também são simbolicamente importantes. Dizem que o ritual de acender velas começou com uma tradição grega em homenagem a Ártemis, deusa da lua. Velas eram colocadas em um altar e, se a pessoa soprasse todas as velas de aniversário de uma vez, Ártemis realizaria seu desejo.

Ainda hoje seguimos esta tradição milenar, embora o altar tenha sido substituído por um bolo. Embora as bruxas modernas participem da cerimônia do bolo de aniversário com velas, gostamos de dar um passo adiante. Para nós, o aniversário marca um evento muito especial: é a única época do ano em que as energias universais estão perfeitamente equilibradas para nós e podemos convidar uma magia poderosa a entrar na nossa vida com pouco esforço.

Como funciona esse feitiço mágico? É simples! Pegue o ano em que você nasceu e some os dígitos, reduzindo-o a um único dígito. Em seguida, faça o mesmo para o ano atual. Some esses dois números e você vai chegar ao seu número da vida no ano atual. A coisa boa sobre os números da vida é que eles acontecem em ciclos entre 1 e 9 ao longo dos anos. Cada ano tem suas próprias surpresinhas.

Se você nasceu em 1980, some

1 + 9 + 8 + 0 = 18.

Depois, some 1 + 8 = 9.

Se o ano for 2011, some 2 + 0 + 1 + 1 = 4.

Agora some os dois números: 9 + 4 = 13. Reduza a um único dígito: 1 + 3 = 4. Seu número da vida nesse exemplo é quatro.

Depois de calcular o seu número da vida, você pode esperar seu aniversário chegar e fazer um feitiço para melhorar sua vida. Como acontece com a maioria das coisas mágicas, os números da vida correspondem a cores diferentes, então escolha uma vela na cor adequada listada a seguir. Por exemplo, o seu número da vida para este ano é um, e corresponde à cor vermelha, associado ao Ano da Descoberta. Para energizar a vela, você só precisa acendê-la a um metro de distância de alguma coisa elétrica, como seu computador; não acenda muito perto para não derreter seu notebook. Coloque um copo d'água próximo a ela. A vela vai absorver a energia elétrica proveniente do aparelho, incrementando sua magia e intensificando o seu número da vida para aquele ano.

Deixe a vela queimar por uma hora, depois se concentre no seu desejo por alguns minutos e apague a vela. Nesse ponto, a água vai estar carregada eletricamente, então, depois de fazer seu desejo, lave as mãos na água mágica para selar o feitiço.

VELAS, CORES E A NATUREZA DO SEU ANO

Conforme prometido, aqui está uma pequena amostra do que você pode esperar em relação ao seu número da vida. O que este ano reserva para você?

1 O ANO DA DESCOBERTA • *COR DA VELA: VERMELHA*

Este é um ano excelente para explorar novas ideias e formas alternativas de pensar. Os relacionamentos precisam de alguns cuidados especiais, ainda mais se você for crítica ou exigente com aqueles que ama. A aventura e as recompensas estão em jogo, e você vai receber muita atenção (e muito provavelmente vai ter muito sucesso) ao iniciar novos projetos. Sua criatividade não vai conhecer limites quando você estiver buscando um propósito maior na vida, mas tome cuidado para não se estender tanto a ponto de ficar exausta tentando realizar seus sonhos. O Ano da Descoberta tem muitos destaques, mas você precisa cavar fundo para encontrar a sua verdade interior.

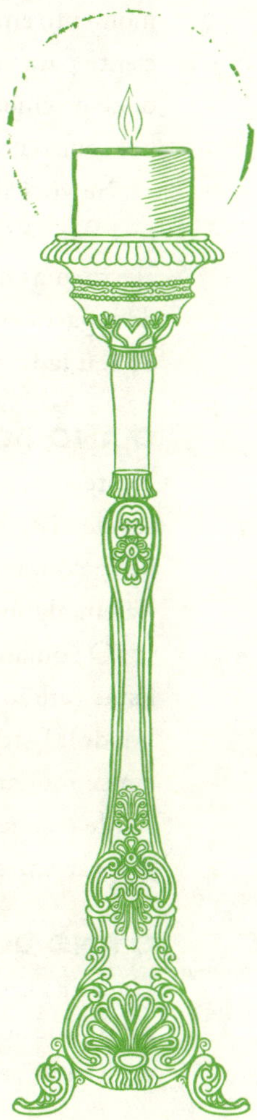

2 O ANO DA ILUMINAÇÃO • *COR DA VELA: AMARELA*

A todo vapor! Não olhe para trás e não pense nas falhas do passado; em vez disso, pense em um ano repleto de possibilidades infinitas. Sua sortuda! Você certamente vai estar mais ocupada do que nunca. Este é um ano incrível para motivar seu espírito interior e colocar seus pensamentos em ação.

Se estiver procurando um relacionamento, procure bem na sua cara. O sr. ou a sra. Perfeição para você pode muito bem estar batendo à sua porta, então se arrume e faça uma remodelagem. As possibilidades de carreira também são infinitas. Espere mudanças em casa ou no escritório, mas não se esforce demais para não perder o fôlego. Você vai precisar conservar sua força e sua energia para assumir novos projetos, pois muitas oportunidades estão à espreita.

3 O ANO DO REALISTA • *COR DA VELA: BRANCA*

Você é uma força imbatível este ano! Lições valiosas podem e serão aprendidas, o que, por sua vez, vai levá-la a buscar novos caminhos para explorar. Embora seus pés estejam firmemente plantados no chão, não deixe sua cabeça se perder nas nuvens. Este é um ano muito importante para nos mantermos aterrados e focados.

Seus melhores esforços vão brilhar quando você assumir novos projetos, mas não se surpreenda se você achar que sua vida é como uma montanha-russa. Parte integrante de ser realista é viver altos e baixos e aprender com os erros do passado.

4 O ANO DO SÁBIO • *COR DA VELA: AZUL*

Neste ano, pontes queimadas serão consertadas e novas pontes serão construídas para você explorar. Também é um ano em que novas portas de oportunidade vão se abrir para você. Sua vida vai assumir novas dimensões empolgantes conforme você cresce, amadurece e muda. Aventuras maravilhosas vão levá-la a novas terras cheias de mistério.

Este é o ano de fazer mudanças e não ter medo de correr riscos. Você pode ser uma sonhadora, mas nunca subestime o poder dos seus sonhos de se tornarem realidade! Pode ser que você enfrente os problemas de outras pessoas este ano; esteja preparada para ajudar aqueles que pedem ajuda. Sua orientação vai ajudar outras pessoas, e você vai oferecer conselhos aos necessitados.

5 O ANO DO BUSCADOR DA VERDADE • *COR DA VELA: BRANCA*

Neste ano tudo parece finalmente mais claro do que parecia havia muito tempo! Este é o momento em que você deve considerar o que é certo para você, então faça um esforço consciente para analisar sua situação, começando com uma limpeza geral na sua vida. (Abandone o velho, ou todas as coisas que não estejam mais lhe servindo.) A lição aqui é confiar nos seus sentimentos íntimos e se afastar das pessoas ou situações que atrasam seu espírito.

Se você jogar as cartas do jeito certo, as oportunidades de carreira serão abundantes! Este é um ano potencialmente agitado, com muitos eventos inesperados. Fique alerta, mas não pise no calo de outra pessoa na busca pelos seus objetivos. O amor vem de lugares estranhos e incomuns, e você pode encontrar seu amor literalmente parado ao seu lado na fila do caixa do supermercado.

6 O ANO DO BUSCADOR • *COR DA VELA: ROSA*

Neste ano, você precisa exercitar um pouco de moderação quando se deparar com pontos de vista opostos. Você pode se dar bem na carreira se acreditar em si mesma. Você pode contar com a força dos seus entes queridos e amigos, cujos conselhos vão ajudá-la em algumas situações difíceis.

O romance está no ar, e você só pode encontrar seu amor se tiver expectativas realistas (então pare de esperar aquele galã ligar e dê uma chance àquele cara da contabilidade). Esteja preparada para mudanças inesperadas na sua casa. Se estiver pensando em se mudar, este é um bom ano para começar a procurar o imóvel perfeito. Cuide da saúde e coma bem, durma o suficiente e não abuse do corpo. A autoindulgência só vai esgotar sua energia este ano e fazê-la se sentir impotente.

7 O ANO DO SONHADOR • *COR DA VELA: ROXA*

Uma das características mais significativas do Ano do Sonhador são os sonhos proféticos, que se tornam realidade! Você pode começar a se interessar mais por assuntos espirituais, então crie um diário de sonhos ou aprenda a ler o tarô.

Novos amigos vão circular ao seu redor, e o romance vem logo atrás. Este também é o ano em que você pode fazer mudanças radicais no estilo de vida, como voltar a estudar, encontrar um novo emprego ou buscar uma promoção. Sua memória e sua concentração podem não estar muito boas, então você pode ignorar ou subestimar um evento potencialmente importante. Defina alvos realistas e se concentre em atingi-los!

8

O ANO DO EMPODERAMENTO • *COR DA VELA: DOURADA*

Este é o ano em que você vai aprender com seus maiores erros. (Ora, ora, não resmungue. Aprender é *sempre* uma oportunidade!) Também é um momento em que seu currículo precisa de alguns ajustes por causa de problemas inesperados no local de trabalho.

Tenha certeza de que, apesar desses desafios, as coisas podem e vão funcionar para você, contanto que continue a acreditar em si mesma.

Assuntos familiares também vão estar em destaque, e você vai ser chamada para ajudar alguém em necessidade. Os animais vão desempenhar um papel importante no próximo ano, e você pode adotar um novo animal de estimação ou ajudar um animal em perigo. O Ano do Empoderamento também é significativo quando se trata de dar uma guinada e assumir novas responsabilidades, com as quais você consegue lidar porque é resiliente e tem um reservatório de força interior.

Sua vida amorosa será cheia de altos e baixos, mas seja paciente. Você pode não estar satisfeita com o amor no momento, mas coisas boas vêm para aqueles que esperam!

9

O ANO DA SATISFAÇÃO • *COR DA VELA: VERDE*

O ano nove é a conclusão do ciclo numerológico e traz consigo felicidade e alegria. (Os melhores presentes de aniversário possíveis!) É hora de plantar as sementes do futuro, tendo em mente que você vai colher aquilo que plantar. É importante manter seus pensamentos puros e positivos, porque seu destino final é a felicidade cósmica.

Uma das lições deste ano é quebrar a monotonia de ter a mente fechada e se abrir para abraçar novas ideias. Carreira, lar, amor e relacionamentos assumem um significado totalmente novo nesse período do ciclo de vida; as decisões tomadas durante esse período vão acompanhá-la conforme você gira a roda numerológica várias vezes! A sorte está do seu lado, e tudo que você toca vira ouro. Compartilhe não só o seu tempo, mas também a sua boa sorte, e sua roda cármica vai continuar girarando de maneira positiva.

Dica da Leanna

Existem muitas maneiras diferentes de trabalhar com números e numerologia. Portanto, se quiser estudar mais o assunto, pesquise no Google ou vá a uma loja esotérica e dê uma olhada no material de leitura que eles tiverem. Acima de tudo, aprenda a ver os números como representações de uma verdade maior — a verdade sobre quem você é e o que está por vir. Tudo isso contribui para um futuro promissor!

Wiccapédia

Capítulo 15

Mundo dos sonhos: espelho de todos nós

Shawn Robbins

Lá estava eu andando por uma rua pavimentada com sorvete, usando uma tiara e sapatos com sola de diamante. Carregando uma sacola cheia de dinheiro, eu espalhava as notas como pétalas de rosa. Parei para pegar meu tigre de estimação no canil antes de ir para casa no meu castelo de conto de fadas nas nuvens. Bem nesse momento eu fui acordada com um susto e resmunguei: "Ah, que droga de despertador!".

De forma mais simples, os sonhos podem ser descritos como sequências de imagens e sensações que experimentamos com mais frequência quando estamos em sono REM (movimento rápido dos olhos) profundo. Todo mundo sonha, mesmo que você conheça pessoas que dizem: "Eu *não* sonho! Vou dormir e acordo oito horas depois sem ter tido nenhum sonho". A diferença é que alguns de nós nos lembramos dos sonhos e alguns de nós não se lembram de nada.

A maioria de nós adora uma boa noite de sono repleta de todos os tipos de aventuras e escapadas. Você deve saber que pode usar os sonhos como uma espécie de espelho para entender o que a está incomodando durante o dia — mas você sabia que pode manipular os sonhos para visitar diferentes dimensões? As dimensões que podem ser visitadas são chamadas de "distorções temporais". Você pode visitar o passado, o presente ou o futuro. Às vezes, pode até ver "luzes fantasmas", como já vi inúmeras vezes quando me hospedo em casas mal-assombradas. Há séculos que os wiccanos conhecem o segredo para transformar os sonhos em realidade. E isso começa com o controle do sonho.

EQUIPES DE SONHO

No antigo Egito, as pessoas acreditavam que os sonhos eram mensagens enviadas pelos deuses. Podiam ser avisos de desgraça iminente ou arautos de coisas boas que estavam por vir. Os egípcios ficaram tão fascinados por essas mensagens noturnas que criaram "livros dos sonhos". Escritos em papiro, os livros eram enciclopédias de símbolos e interpretações de sonhos. Os antigos egípcios também participaram da intrigante prática de "incubação de sonhos": uma pessoa que precisasse da orientação de uma divindade específica visitava o templo ou santuário do deus para participar de orações e rituais e, em seguida, dormia no templo para ter um sonho divino. Pela manhã, o peticionário consultava um sacerdote sobre as imagens que tinham sido incubadas durante a noite, e os dois passavam horas desvendando as mensagens desses símbolos.

Os escritores da Bíblia também registraram histórias de pessoas que receberam revelações de Deus nos sonhos, como a passagem do Gênesis sobre Jacó, neto de Abraão e irmão de Esaú. Certa noite, enquanto dormia, Jacó sonhou com uma escada que chegava até o céu, de onde Deus falou com ele.

No século XVI, os clérigos teorizaram que, se o diabo aparecia para você em sonhos ou se você tinha sonhos impuros, o diabo devia estar dentro de você. Compreensivelmente, essa ideia deixou muitas pessoas em pânico; claro que, se eles tinham o diabo dentro de si, suas visões noturnas os enviariam direto para o inferno!

Por fim, no século XIX, um médico francês chamado Alfred Maury formulou muitas teorias que estabeleceram as bases para a interpretação dos sonhos moderna. Ele formulou a hipótese de que estímulos externos são catalisadores de sonhos, incluindo questões que nos confrontam durante as horas de vigília.

SONHANDO COM O FUTURO

De acordo com os cientistas do sono, os sonhos são só uma forma de o subconsciente resolver algumas das coisas mais confusas que acontecem ao longo de um dia normal. Isso não parece muito lógico quando você sonha que está escalando bananeiras com uma gangue de amigos macacos (a menos, é claro, que isso seja o que você faz para se divertir durante as horas de vigília), mas é aí que os símbolos de interpretação dos sonhos podem ajudar. Vou dar os detalhes um pouco mais adiante neste capítulo.

No entanto, alguns sonhos se parecem menos com aventuras noturnas estranhas e mais com a vida real. E, quando você sonha com alguma coisa perturbadora relacionada à sua vida diária, vale a pena analisar bem esse sonho. Você pode estar vendo o que está por vir.

REALIDADE SUBCONSCIENTE

Quem não gosta de ter um sonho bom? Esteja você sentado em uma praia com um homem ou uma mulher bonita, desfilando em uma passarela de Paris ou voando sem a ajuda de um *jetpack*, um sonho bom pode parecer uma verdadeira aventura, inspirando e elevando seu ânimo o dia todo.

Os pesadelos, por outro lado, podem ser muito perturbadores. Em primeiro lugar, eles podem impedir que você tenha uma boa noite de sono, o que pode deixá-la irritadiça e menos produtiva no dia seguinte. Em segundo lugar, as emoções associadas aos sonhos negativos podem ser muito reais. Se você sonha que sua cara-metade a largou ou está tendo um caso, pode andar pelo mundo no dia seguinte se sentindo desanimada de verdade. Essa reação se deve em parte ao fato de que você está vivenciando de fato as emoções do sonho ou sentindo empatia por ele de alguma forma. Mesmo que os eventos não tenham acontecido durante suas horas de vigília, em termos emocionais você reagiu da mesma maneira que reagiria se esses eventos acontecessem de fato. Na maioria das vezes, esses sonhos se originam de algum medo profundamente arraigado, mas também pode ser que você esteja tendo uma premonição ou precognição de que alguma coisa perturbadora vai acontecer.

Vamos dar uma olhada no exemplo de ser abandonado pelo namorado ou namorada no sonho. Mesmo que não tenha acontecido de fato, vale a pena explorar seu subconsciente para descobrir por que você teve esse sonho. Explore as possibilidades:

* Você está insegura no relacionamento e tem medo de que ele ou ela fique entediado com você?
* Você acha que ele ou ela está saindo com outra pessoa?
* Você acredita que ele ou ela está se preparando para terminar o relacionamento?
* Você está pronto para seguir em frente sem a pessoa, mas ainda não admitiu para si mesmo?

Em casos como esses, seu sonho pode ter lhe dado uma visão do que está por vir. Se você decidir aceitar isso, talvez agora seja um bom momento para mergulhar fundo na questão, provavelmente tendo uma longa conversa com o seu namorado ou namorada sobre o que está acontecendo entre vocês.

Isso não quer dizer que todas as precognições sejam ruins. Você pode sonhar com uma promoção no emprego, com a vitória em uma maratona ou com se tornar um ator ou uma atriz famosa e descobrir que em um curto período está a caminho do sucesso.

EM SEUS SONHOS MAIS INSANOS

As precognições são pacotinhos organizados do futuro que o universo oferece quando menos esperamos. No entanto, existe um jeito de controlar nossos sonhos, e talvez até mesmo organizar nosso futuro criando visões positivas.

O sonho lúcido é um jeito de permanecer no controle consciente dos sonhos. Você diz à mente o que vai acontecer a seguir; se o sonho se desviar para um território inaceitável, você o direciona de volta para onde deseja. Em geral, o sonho começa sozinho, porque você tem que permitir que a mente subconsciente tenha algum controle. Depois de estar alerta para o fato de que é um sonho, você pode fazer o que quiser com ele.

Algumas pessoas usam os sonhos lúcidos para prevenir pesadelos recorrentes; outras os usam para tratar questões de autoestima ou para praticar maneiras de lidar com uma situação. Você pode usar essa técnica para inventar novos feitiços e infundi-los com seu próprio espírito. Aqui está um guia passo a passo:

1. Comece se tornando mais consciente do seu estado de espírito nos dias anteriores à tentativa de ter um sonho lúcido. Pare de vez em quando e diga: "Estou acordado. É isso que está acontecendo". Você só está treinando a mente para reconhecer o que está ocorrendo naquele momento.
2. Antes de ir para a cama, siga uma rotina calmante e relaxante para dormir. Tome um banho quente, vista roupas de dormir confortáveis e encontre seu cobertor preferido — aquele que vai permitir que você adormeça com conforto.
3. Ao se deitar, se concentre em se sentir apoiado pela cama. É importante relaxar cada parte do corpo. Respire lenta e profundamente.
4. Agora repita para si mesmo: "Eu consigo controlar os meus sonhos. Eu consigo controlar os meus sonhos". Se quiser sonhar com alguma coisa específica, tente: "Vou sonhar com...".

Espera-se que todo esse relaxamento permita que você mergulhe direto no sonho. Quando começar o processo de sonhar, diga para si mesma: "Estou no comando aqui, e é *isso* que vai acontecer". Obviamente, nada está fora dos limites, então aproveite ao máximo! Experimente coisas que você nunca faria — ou nunca conseguiria — fazer na vida diurna!

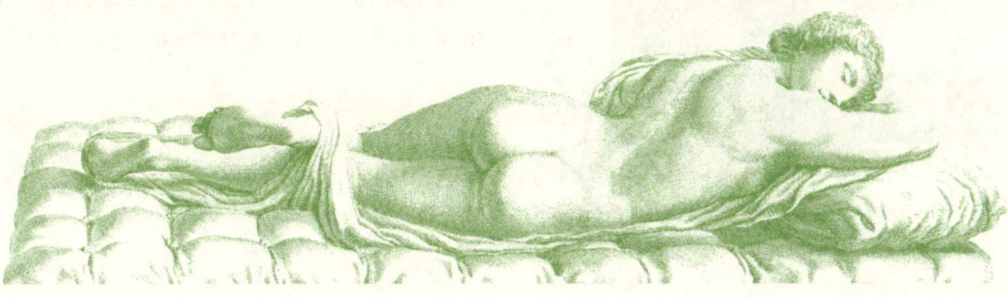

DURMA EM DIREÇÃO AO SUCESSO

Já mencionei que algumas pessoas usam os sonhos lúcidos para melhorar a autoestima. Treinadores e terapeutas há muito aconselham jogadores e pacientes a usarem a visualização para ter resultados bem-sucedidos. A visualização, na verdade, é só um jeito de meditar, mas, como a meditação muitas vezes é descrita como um estado onírico, faz sentido falarmos disso aqui.

Digamos que você está desesperada para comprar uma casa específica. Você está em uma guerra de lances com dois outros compradores em potencial e só precisa encontrar uma maneira de torná-la sua. Veja o que fazer para ajudar a garantir a assinatura dessa escritura:

1. Prepare-se para meditar. Sente-se ou deite-se em um cômodo silencioso, sem distrações. Acenda velas ou incenso, toque uma música suave e feche os olhos.
2. Respire fundo: inspire pelo nariz e expire pela boca.
3. Sinta cada parte do corpo relaxar e ceda a isso.
4. Quando você estiver mole como um macarrão, comece a visualização. Veja a casa como se você estivesse à beira da entrada de automóveis. Suba pela entrada e destranque a porta da frente com a chave. Entre na casa. Ande por cada cômodo, vendo como seus móveis e seus pertences estarão posicionados quando você morar lá. Sente-se no sofá. Tire os sapatos. Viva o momento da sua nova casa.

Ao abrir os olhos, dê parabéns a si mesma por fechar o negócio do lugar perfeito para morar. Viva o momento. Ela é sua, mas você precisa armazená-la corretamente. Não deixe a dúvida invadir a sua mente; saiba que as coisas vão funcionar a seu favor; em seguida, se comporte dessa forma nas negociações. Nós atraímos o mesmo tipo de energia que lançamos para o mundo; a visualização só ajuda a solidificar essa energia para que ela esteja lá quando você precisar.

DIÁRIOS DE SONHOS

Um jeito muito bom de aumentar os sentimentos positivos dos sonhos lúcidos e da visualização é manter um diário de sonhos. Os diários também são úteis para rastrear sonhos recorrentes, ainda mais aqueles que são cheios de símbolos vagos que você não consegue entender. Os diários podem ajudá-la a organizar padrões de informação e levá-la a momentos de descoberta, em que você pode dizer: "Ah, é *por isso* que estou sonhando com pinguins falantes!".

Um diário de sonhos pode ser feito em qualquer tipo de caderno, a única ressalva é que ele deve caber na sua mesa de cabeceira. E você tem que deixar um instrumento de escrita ao lado dele. Nós sabemos que você não vai se levantar para procurar um lápis quando acordar de um sonho às três da manhã e, acredite, você *não* vai se lembrar dos detalhes desse sonho quando o despertador tocar às sete.

QUE TIPO DE INFORMAÇÃO VAI PARA O DIÁRIO?

A data, a hora em que você foi para a cama e qualquer coisa significativa — boa, ruim ou incomum — que aconteceu durante o dia: são coisas assim que você deve anotar antes de ir dormir. Além disso, se você comeu tarde da noite ou comeu alguma coisa que não caiu bem, inclua também. As indisposições estomacais podem provocar o caos no sono e nos estados de sonho, assim como certos medicamentos, portanto, anote tudo.

Assim que você acordar — seja no meio da noite ou pela manhã — tente ficar parada. Quanto menos estímulo externo você tiver, melhor. Feche os olhos e tente se lembrar de onde sua mente acabou de voltar. Se estiver com medo de voltar a dormir e se atrasar para o trabalho, ajuste o alarme para tocar um pouco mais cedo para você poder apertar o botão de soneca e ter tempo para refazer os passos dos seus sonhos. Se conseguir agarrar qualquer detalhezinho do sonho, use-o. Muitas vezes, uma pequena informação vai levá-la de volta às suas aventuras noturnas. Continue no estado desfocado e tente se lembrar do máximo possível.

Quando não conseguir ir mais longe, abra os olhos, pegue o diário e escreva. Não se preocupe em criar uma história coerente e não se preocupe com a pontuação e a ortografia. Escreva tudo. Você vai ter tempo para analisar depois.

Você também pode usar um gravador de voz para capturar suas impressões iniciais, mas acho que é muito importante ter um registro escrito dos sonhos. Fica mais fácil reconhecer informações repetitivas e discernir padrões significativos.

SÍMBOLOS DOS SONHOS

Todo mundo sonha, mesmo as pessoas que insistem que não, mas todos sonham de forma diferente. O motivo é óbvio: os sonhos são um reflexo das influências sobre a mente subconsciente, e todos têm seus problemas exclusivos que se manifestam como uma doideira noturna. Mas, embora cada um produza as próprias visões, existem alguns temas de sonho recorrentes comuns, como voar ou ficar nu no meio de uma multidão. O que esses símbolos significam?

VOAR: O voo é um reflexo das suas capacidades e sugere uma sensação de liberdade. Significa que você *sabe* que consegue fazer (o que quer que seja).

CAIR: Cair com medo significa que você está se sentindo descontrolada ou insegura. Curtir a queda significa que você está pronta para enfrentar novos desafios.

FAZER UMA PROVA: Fazer uma prova significa que você está lutando para aprender alguma coisa ou se sentindo insegura quanto ao seu conhecimento de algo.

NUDEZ: Você ficou nua em público no sonho? Está se sentindo vulnerável.

DENTES: Se seus dentes estão caindo nos sonhos, significa que você está se sentindo insegura no romance, está preocupado com problemas de saúde ou tem dito coisas que não deveria durante as horas de vigília. Também pode ser um presságio de doença grave ou até mesmo a morte de alguém que você conhece.

TEMPESTADE: Sonhos com tempestades indicam que você está se sentindo sobrecarregada ou com raiva.

CEMITÉRIOS: Sonhar em caminhar por um cemitério significa que você está triste ou com medo. Mas não se desespere! Também pode significar que você está prestes a renascer de algum jeito.

Agora, se começarmos a falar sobre símbolos menos comuns, eu poderia continuar para sempre. Existem livros inteiros escritos sobre o simbolismo dos sonhos, então só vou discutir os símbolos que considero significativos. Se não encontrar o que procura aqui, pode fazer uma pesquisa simples na internet ("símbolos dos sonhos") ou ir a uma biblioteca ou livraria para encontrar uma lista mais completa.

Veja se algum destes símbolos fala com você no escuro da noite:

BANHEIROS: Sonhar com banheiros significa que você precisa de mais privacidade durante o dia (ou pode significar que precisa usar o banheiro e seu corpo está lhe dando uma dica para acordá-la).

PORÕES: Entrar em um porão no sonho indica que você está reprimindo alguma emoção ou medo.

CELEBRAÇÕES E FESTAS: Se você sonha com uma festa, está alcançando seus objetivos.

ABANDONO: Sonhos em que você é deixada para trás significam que você precisa abandonar velhas crenças e hábitos.

SEQUESTRO: Se você está sendo sequestrada no sonho, alguém está exercendo controle sobre você, e você não gosta disso!

ACIDENTE: Sonhar com um acidente é reflexo de um estado mental ansioso. O que está lhe deixando preocupada ou com medo?

ADULTÉRIO: Se você sonhar que está traindo seu amor, pode significar apenas que você está envolvido em alguma coisa desagradável, mas não necessariamente tendo um caso.

MORTE: Se você sonhar com a própria morte, significa que está passando por uma transição de vida.

CORRER: Se você estiver fugindo de alguém no sonho, é porque está evitando muito alguma coisa que tem medo de enfrentar na vida. Se estiver correndo em direção a algo, significa que está tentando alcançar um objetivo na vida.

ANÉIS: Um anel no sonho é um bom sinal. Significa lealdade e integridade na sua vida. Se o anel estiver quebrado, isso não é tão bom. Significa que alguém está questionando sua dedicação.

JARDIM: Um jardim com flores indica amor e felicidade na sua vida. Um jardim cheio de ervas daninhas significa que você precisa esclarecer uma questão espiritual.

CELEBRIDADES: Se Lady Gaga ou outras celebridades estiverem aparecendo nos seus sonhos, isso significa que você vai ter sorte em breve.

SER PERSEGUIDO: Um sonho em que alguém está atrás de você significa que você não deseja ver outro ponto de vista sobre um tópico importante.

GRAVIDEZ: Estar grávida no sonho não sugere que você está grávida de fato, mas que está crescendo em algum aspecto da vida.

ÁGUA: O sonho com água límpida e lisa na superfície indica paz de espírito. Água turva sugere que emoções negativas estão incomodando.

ENCONTRAR ALGUMA COISA: Quando você encontra uma coisa no sonho, significa que está reconhecendo uma parte de si mesma que está ignorando, talvez um aspecto recém-descoberto da espiritualidade ou uma mudança nas suas crenças.

GUERRA: Sonhar com a guerra sugere que suas horas de vigília estão cheias de angústia e caos.

Essa é só uma lista parcial de símbolos de sonhos para você começar a interpretá-los. Existem muitos livros de símbolos de sonhos no mercado para ajudá-la a aprender mais. Sugiro que você reserve uma parte do diário dos sonhos para fazer anotações sobre os símbolos e o que eles significam. Depois de ter um sonho estranho, pesquise as imagens e seus significados e anote-os para que, da próxima vez que eles aparecerem nos seus sonhos, você não precise procurar nas páginas de anotações do diário para encontrar o significado.

PROJEÇÃO ASTRAL

Um dos símbolos dos sonhos que acabei de mencionar foi a morte, mas você vai notar que eu só falei de sonhar com a própria morte. Quando você sonha com alguém que já morreu, a imagem pode conter mais do que o olho "subconsciente" consegue ver. Na verdade, pode nem ser sonho. Uma pessoa do outro lado pode ter usado a projeção astral para entrar em contato com você.

Algumas pessoas podem desenvolver uma habilidade chamada projeção astral, que é parecido com sonhar, já que a mente subconsciente assume o controle. Mas, na projeção astral, seu espírito realmente deixa o plano terreno e entra em uma realidade diferente. Basicamente, a projeção astral é uma forma de liberar o espírito do corpo e deixá-lo voar livremente. Apenas tome cuidado com os pássaros e aviões voando baixo!

A projeção astral pode ser usada para visitar entes queridos do outro lado, para reviver momentos que você gostaria de recuperar ou para obter conhecimento com guias espirituais. Pode parecer muito sobrenatural e misterioso para você, mas acompanhe.

Esse é outro tipo de visualização criativa, então, mesmo que você não tenha certeza absoluta de que deseja deixar este mundo e entrar em outras dimensões, pense nisso como uma forma de abrir a mente e explorar seus limites.

Para fazer uma projeção astral, comece seguindo os mesmos passos da meditação. Encontre um local tranquilo, acenda velas, toque música, queime incenso e respire fundo. Depois, siga os passos a seguir:

1. Imagine um feixe de luz branca disparando dos seus pés até o topo da cabeça. A luz branca é sempre usada para se proteger contra espíritos ou entidades sinistras e vai ser importante para essa pequena jornada que você está prestes a começar.
2. Faça uma oração pedindo proteção.
3. Imagine-se amarrada à cama ou ao chão com um cordão feito de energia "branca" ou "pura". Wiccanos e médiuns usam o que alguns chamam de energia branca ou pura para manter as almas presas aos corpos durante o estado de sonho.
4. Sinta seu espírito (ou sua alma ou "segundo corpo", como algumas pessoas chamam) se levantar e sair do corpo físico. Nada pode impedi-la — você pode sair pelo teto, passar pelo apartamento do andar de cima, atravessar o telhado e depois ir para onde quiser.
5. Se você encontrar seus guias espirituais quando estiver fora do corpo, converse com eles. Pergunte o que quiser — é para isso que você está nesse estado.
6. Se você sentir medo, lembre-se do cordão que a mantém presa ao plano físico. Você sempre pode dizer "Quero voltar agora" e retornar ao corpo.

Algumas pessoas sentem um solavanco ou uma sensação de queda quando estão prestes a se projetar. Isso pode acontecer porque, como diz uma teoria, o espírito não flutua suavemente para cima quando está deixando o corpo, mas, na verdade, se move para baixo nas suas costas, para o lado e depois para cima. Já aconteceu de você estar dormindo e acordar com um susto? É aí que você sabe que está prestes a deixar o corpo.

Leanna tem vivido isso há muitos anos e é muito habilidosa em projeção astral, então consegue sair a qualquer momento. Ela vê luzes multicoloridas dançando atrás das pálpebras fechadas antes de partir em uma de suas viagens. Depois que você aprender a entrar nesse estado, explore-o. Converse com seus guias espirituais sobre as questões que a preocupam: trabalho, família, como vai pagar o aluguel no mês que vem, onde passar as férias. Não há nada que você não possa fazer, nenhum lugar aonde não possa ir e nada que você não possa pedir! E, como alguns guias espirituais têm milhares de anos, você pode voltar para casa com informações e conselhos que nunca ouviria de ninguém.

Dica da Leanna

Para tornar seus sonhos menos caóticos e ter uma jornada astral tranquila, acenda uma vela branca uma hora antes de se deitar e beba uma xícara de chá de ervas (a camomila é uma boa opção, pois é conhecida pelas propriedades relaxantes). Quando terminar o chá, apague a vela. Isso vai aumentar sua vibração e limpar suas energias antes de você partir para o plano astral.

APROVEITE AO MÁXIMO O PERÍODO DOS SONHOS

Agora que você aprendeu alguns pequenos truques wiccanos sobre sonhos, espero que nunca mais olhe para o sono do mesmo jeito. Quando você se deita à noite, não está desligando tudo até o sol nascer. Você pode estar organizando os sentimentos, resolvendo confusões e vivendo aventuras incríveis enquanto seu corpo físico tira um tempo para descansar. Então deixe sua mente ir e deixe seu espírito sonolento voar livremente. Você nunca sabe onde vai parar.

WICCAPÉDIA

CAPÍTULO 16

O CICLO MÁGICO DOS SINAIS INVISÍVEIS

SHAWN ROBBINS

Ah, perguntas, perguntas, perguntas. Todos nós somos atormentados pelo desconhecido de vez em quando. Será que você deve aceitar esse novo emprego ou esperar uma oferta melhor? Esse novo interesse amoroso vale a pena ou você está se enganando? Segunda-feira é o melhor dia para tentar conseguir um voo barato indo até o aeroporto ou você deve esperar até terça... ou quinta? Na minha opinião, fico feliz só de passar pela segurança do aeroporto usando meu pentagrama de prata esterlina sem disparar o detector de metais!

Às vezes, todos temos a sensação de que alguma coisa que planejamos ou pensamos não está muito certa. Talvez você não tenha certeza de por que não quer viajar em determinado dia, por exemplo, mas sabe que a ideia não está caindo bem. Pode ser que você esteja se lembrando do cara esquisito ao lado do qual teve que se sentar no último voo, ou pode ser só sua imaginação pirando. Mas muitas vezes nossa intuição fala conosco com um pequeno puxão na manga, como se dissesse: "Ei! Preste atenção! Preciso contar uma coisa!".

O PÊNDULO, PASSADO E PRESENTE

Para aqueles que estão em sintonia com o lado intuitivo, o pêndulo, uma ferramenta simples, pode nos ajudar a vasculhar melhor o nosso Eu interior a ser guiado pela nossa voz interior para encontrar os melhores caminhos a seguir. Usar o pêndulo, na verdade, é uma forma de radiestesia. Se você estiver familiarizado com esse termo, pode imaginar alguém correndo pelo Vale da Morte com uma forquilha procurando água. Essa é uma forma de radiestesia que, por algum motivo, está gravada na mente do público. Na verdade, fazer radiestesia com um pêndulo é uma prática muito mais comum do que usar um bastão ou vara de divinação, e existem muitos outros métodos. Embora você certamente possa usar um pêndulo para procurar água, é mais comum usá-lo para obter a verdade divina, para equilibrar as energias, para limpar os chacras ou para fazer contato com o plano espiritual por diversas razões.

A radiestesia em si é só um meio de usar a intuição e os reflexos do próprio corpo para entender o que está acontecendo na sua vida e no seu ambiente. Ao interpretar suas leituras, você está aprendendo a ver as coisas de uma nova maneira, que sempre esteve acessível, embora você talvez não a usasse ativamente.

A radiestesia existe desde sempre. Há indícios de que foi usada muitos séculos atrás para apaziguar os deuses, prever o futuro, encontrar períodos auspiciosos para semear e colher e para ser juiz e júri em questões judiciais (mais especificamente, para determinar a culpa ou a inocência de um suspeito).

Em 1326, o papa João XXII autorizou a acusação de feiticeiros como hereges adoradores do diabo e proibiu a divinação como ato de feitiçaria. Não há estatísticas de quantos católicos continuaram a realizar rituais de radiestesia em segredo, mas, como a prática sobreviveu até hoje, imagino que tenha sido mais do que uns poucos. Também não sei por que o papa pensou que Satanás perderia seu tempo respondendo a perguntas sobre questões como a melhor época para plantar uma colheita.

Uma velha história de parteiras diz que o pêndulo pode prever o sexo de um bebê que ainda não nasceu. Um radiestesia ou médium amarrava a aliança de casamento da mulher grávida a um pedaço de barbante e a pendurava sobre o barrigão. O movimento do anel indicava um menino ou uma menina (se o pêndulo girasse para a esquerda, era menino; para a direita, menina). Na Grã-Bretanha, o mesmo método ainda é usado até hoje, mas o anel foi substituído por uma agulha com linha. Vou falar melhor sobre como interpretar o balanço do pêndulo mais adiante neste capítulo.

EM BUSCA DO PÊNDULO PERFEITO

O pêndulo é um objeto que fica pendurado em uma corda ou corrente. O objeto pode ser feito de madeira, metal, plástico ou até mesmo um barbante. Pode ser adornado com cristais ou não ter nenhum adorno. O peso do objeto não é importante. A maioria dos radiestesia vai dizer que é importante encontrar um pêndulo com o qual você se sinta à vontade.

Não é difícil encontrar pêndulos. A maioria das lojas esotéricas tem em estoque, e você também pode comprá-los on-line com facilidade. Estão disponíveis em todas as faixas de preço. Pense nisso como escolher um novo amigo sábio, com quem você vai buscar orientação e conselhos. Essa não é uma decisão para ser tomada de maneira rápida ou leviana. É igual a escolher um cristal; você tem que sentir uma conexão genuína para ter os melhores resultados.

PROPRIEDADES DO PÊNDULO

Então você entra na loja esotérica local, pronta para adotar o pêndulo perfeito, olha para a caixa de joias e descobre que há mais de cinquenta opções. Todas as cores, todos os tamanhos. Como iniciar o processo de eliminação?

Primeiro, peça ajuda ao vendedor. A maioria das pessoas que trabalha nessas lojas tem muitas informações sobre os produtos e como usá-los, e a maioria também está ansiosa para compartilhar as próprias experiências. Ouça o que eles têm a dizer, mas tenha em mente que o pêndulo é uma experiência muito pessoal, então, o que funciona bem para uma pessoa pode não funcionar para você.

Existem pêndulos de todos os pesos e formatos. De modo geral, os iniciantes devem começar com um peso médio. A teoria é que um pêndulo leve demais pode captar muitas energias e transmitir mensagens confusas. Pode ser difícil aprender com um peso muito pesado porque leva mais tempo para o pêndulo ganhar impulso, o que significa que seu tempo de reação é mais lento. Isso pode deixá-la frustrada.

A forma que você vai escolher depende de como deseja usá-lo:

ESPIRAL: Um peso em forma de espiral pontuda, usado para responder a perguntas gerais da vida.

TRIANGULAR: Esse tipo de pêndulo capta a vibração dos números e é ótimo para usar na numerologia ou na escolha de números para jogar na loteria.

SEPHOROTON: Pêndulo com centro circular e extremidade pontiaguda. Essa forma singular reduz as vibrações errôneas e dá respostas claras para perguntas sobre saúde, amor e dinheiro.

MERKABA: Pêndulo em forma de estrela que incorpora a geometria sagrada ao design para unir corpo, alma e espírito. Essa união cria um campo energético denominado efeito merkaba.

CHACRA: Pêndulo de pedra cuja corrente contém sete pedras que representam os sete chacras (os centros de energia do corpo). Usado para localizar e corrigir um desequilíbrio em um ou mais chacras.

OSÍRIS: Pêndulo longo com quatro "hemisférios" ordenados uns sobre os outros. Esse design visa amplificar a sensibilidade do pêndulo, e o osíris é considerado uma ferramenta muito poderosa. É usado para pesquisar campos eletromagnéticos, detectar vírus no corpo e ter insights sobre mapas astrológicos.

CÂMARA: Pêndulo oco dentro do qual você pode colocar cristais energéticos para ter mais poder e clareza. Se estiver fazendo uma pergunta ao pêndulo sobre outra pessoa, você também pode colocar um fio de cabelo dessa pessoa na câmara.

Agora vamos falar sobre os materiais de que os pêndulos são feitos, das qualidades energéticas das diferentes pedras e cristais e por que você pode escolher um em vez do outro (para obter mais informações sobre cristais e pedras, consulte o capítulo 8):

O **QUARTZO** é uma pedra universal, o que significa que responde bem a qualquer propósito que você lhe designar. Ele atrai, ativa, armazena, transmite e multiplica todos os tipos de forças energéticas, então qualquer que seja o motivo para você usar um pêndulo de quartzo — questões de amor, dinheiro, responsabilidade social, pesquisa —, é impossível errar.

O **QUARTZO ROSA** às vezes é recomendado para mulheres, pois tem uma vibração especial que reage bem à energia feminina. O quartzo rosa emite amor, compaixão e perdão, promove a criatividade e a confiança e cura problemas emocionais e sexuais.

A **AMETISTA** é usada na meditação, canalização e concentração de habilidades psíquicas. Ela dá uma sensação de paz e a conecta com o seu lado espiritual.

O **CITRINO** limpa a energia negativa em grande estilo! Depois de usar um citrino, você pode perceber que se sente mais otimista, ativa, focada e confiante. O citrino também atrai abundância (e isso pode fazer você se sentir mais otimista e confiante).

O **LÁPIS-LAZÚLI** conecta os planos físico e celestial, aumentando a sabedoria e o conhecimento, a consciência e a intuição sobrenaturais. O lápis-lazúli também é uma pedra de proteção.

A **FLUORITA** promove estabilidade, ordem, equilíbrio e cura e é uma ótima pedra para usar em questões nas quais clareza e objetividade são importantes. A fluorita não absorve energia como as outras pedras, por isso dá respostas bem confiáveis.

A **PEDRA DA LUA** emite uma energia feminina, apoiando o equilíbrio, a intuição e o bom senso. A pedra da lua também é usada para equilibrar o sistema reprodutor feminino e para proteger os viajantes.

O **JASPE-SANGUÍNEO** é a pedra da coragem, promovendo a centralização, o aterramento e o equilíbrio. É uma boa pedra para se usar no tratamento da ansiedade ou do estresse emocional.

Lembre-se de que um pêndulo barato vai funcionar tão bem quanto uma versão mais cara. O cerne da questão é aprender a focar e concentrar sua energia. Embora existam puristas por aí que acreditam que você só deve usar certos cristais ou formas para determinados fins, a maioria das pessoas diz que escolher e usar um pêndulo é algo muito pessoal. Em outras palavras, se descobrir que um pêndulo reage bem a você, não se preocupe muito com o material, a forma ou o preço. Como acontece com todas as coisas espirituais, é melhor seguir o fluxo.

CONHEÇA O SEU PÊNDULO

O pêndulo reage ao seu campo energético, mas, por ser um pedaço de pedra, cristal, metal ou madeira pendurado em uma corrente, também responde à gravidade e aos reflexos. Obviamente, você não quer fazer a pedra balançar com um movimento do pulso ou dos dedos, então aprender a segurar o pêndulo é um passo importante.

O motivo pelo qual quero que você entenda esse conceito é que não quero que você obtenha leituras falsas e depois decida que o pêndulo é uma ferramenta mentirosa. Não quero que você acredite nas crenças dos céticos de que não há nada além deste reino terreno, de que os que acreditam nos planos místicos criam suas próprias respostas. O reino etérico é real, e você pode acessá-lo.

Para segurar o pêndulo de maneira correta, posicione a corrente entre o polegar e o indicador, deixando o peso oscilar. Se o seu pêndulo tiver uma corrente comprida, não há problema em encurtá-la segurando-a mais perto do pêndulo. Encurtar o comprimento também reduz o tempo de resposta.

Embora você deva ser amigável e estar à vontade com seu pêndulo, uma sessão de pêndulo também exige uma dose de foco e respeito. Comece cada sessão acomodando-se em um espaço silencioso e calmo. Limpe a mente. Convide seus guias espirituais cercados por uma luz branca e faça uma oração simples e silenciosa pedindo proteção.

Lembre-se de que o pêndulo não reage aos seus impulsos mentais; em vez disso, ele reage à sua energia. A energia negativa e cética vai resultar em descobertas negativas. A energia positiva e relaxada é o que você deseja para obter os melhores resultados.

Quando estiver relaxada e sua mente estiver clara e focada, faça perguntas ao pêndulo que ele possa responder "sim"; coisas fáceis como "Está chovendo hoje?" ou "Minha blusa é rosa?". Observe como o pêndulo reage a essas perguntas fáceis. Esse é o seu movimento de "sim". Assim que ele começar a se mover, peça ao pêndulo para mostrar um "sim" ainda mais forte, talvez perguntando: "Meu nome é _____?", de modo que você não se engane com o movimento. Mas, se você não conseguir um movimento mais pronunciado, não se preocupe.

Agora, faça algumas perguntas "não" ao pêndulo, como "Meu cabelo é ruivo?" (se você for loura) ou "Hoje é sábado?" quando for segunda-feira. Em seguida, faça uma pergunta "talvez", como "Vou falar com meu amigo Joe hoje?". Observe também como o pêndulo reage a essas perguntas.

O movimento do pêndulo é obviamente limitado por fatores físicos, mas você pode discernir vários tipos de movimento. Eis o que você deve procurar quando estiver esperando uma resposta:

* Um balanço lateral de um lado para o outro;
* Um balanço diagonal;
* Uma rotação no sentido horário ou anti-horário;
* Um "salto".

Seu movimento "sim" vai ser o mesmo de agora até o fim dos tempos? O pêndulo muda de ideia? Os movimentos mudam de vez em quando, então, de tempos em tempos, ainda mais quando você conhece seu pêndulo de verdade, teste-o de novo com perguntas fáceis, só para ter certeza de que está obtendo os mesmos resultados.

Se quiser uma resposta mais visual, você pode segurar o pêndulo sobre um cartão com respostas impressas. Você pode comprá-lo pronto ou fabricá-lo. Mas, se decidir criar um por conta própria, deixe espaço suficiente entre as áreas de resposta para não ficar confusa com os movimentos do pêndulo. Uma versão simples desse cartão tem SIM impresso na parte superior e inferior, NÃO nas laterais e TALVEZ em dois cantos diagonais. Essa configuração estimula o pêndulo a se mover em certas direções de acordo com as respostas.

Dica da Leanna

Quando você trabalha com o pêndulo, ele não costuma atingir as vibrações mais baixas, portanto, não há muito perigo de invocar espíritos indesejados. No entanto, quando você trabalha com qualquer forma de divinação, é bom começar a sessão espiritual com uma oração silenciosa pedindo proteção. Você pode fazer isso fechando os olhos e pedindo ao seu anjo, deus ou guia que a proteja de qualquer coisa negativa e a envolva com uma luz positiva.

PERGUNTE QUALQUER COISA (MAS PERGUNTE DA MANEIRA CERTA)

Você pode perguntar quase tudo ao pêndulo, mas a maneira como formula a pergunta é importante quando se trata de entender o cenário mais amplo. Você tem que entender que o pêndulo só pode dar respostas "sim" e "não", então é inútil fazer perguntas com respostas longas ou complexas. Isso só vai confundir as coisas, e você pode não obter resultado nenhum.

Por exemplo, se você perguntar "Devo comprar uma casa agora?" e a resposta for "não", não desista. Você pode descobrir mais coisas reformulando a pergunta. Experimente "Devo comprar uma casa no inverno?" e veja o que acontece. Se precisar, analise cada estação e veja a qual delas o pêndulo responde positivamente.

Às vezes, o pêndulo não balança de jeito nenhum, só fica pendurado ali, sem nenhum movimento. Isso geralmente ocorre quando ele não sabe a resposta à pergunta ou quando, por algum motivo, você não deve saber o resultado de uma situação. Você só tem que aceitar isso e mudar de assunto para perguntar outra coisa.

Se suas perguntas forem o mais claras e concisas possível, o pêndulo pode meio que chegar ao fundo de qualquer assunto:

* Perguntas sobre namorados;
* Aonde ir nas férias;
* Qual roupa usar em uma entrevista de emprego;
* Quanto dinheiro investir;
* A melhor época para ter filhos;
* Que tipo de animal de estimação você deve adotar;
* Qual carreira seguir.

Você pode até perguntar o melhor dia para jogar golfe ou o melhor filme para ver. Não há *nenhuma* pergunta proibida!

BUSQUE UMA SAÚDE MELHOR

O pêndulo também é usado para detectar questões emocionais e de saúde, muitas das quais se acredita estarem ligadas aos chacras, ou centros de energia do corpo. A energia do pêndulo pode detectar desequilíbrios nos chacras para que eles possam ser restaurados à boa saúde.

Chacra é uma palavra sânscrita que significa "roda" ou "girar". As filosofias iogue hindu e budista tântrica ensinam que todo ser humano tem essas rodas de energia em sete pontos específicos do corpo ao longo da coluna, que vai da base da espinha até o topo da cabeça.

PRIMEIRO CHACRA • *CHACRA BASE OU RAIZ*

Localizado na base da coluna vertebral; relacionado aos sentimentos de sobrevivência e de aterramento. O desequilíbrio faz você se sentir como se tivesse que lutar para sobreviver ou como se não tivesse um ponto de aterramento real.

SEGUNDO CHACRA • *CHACRA SACRO OU SEXUAL*

Localizado perto dos ovários nas mulheres, perto da próstata nos homens; associado à saúde sexual. O bloqueio resulta em problemas emocionais ou culpa sexual.

TERCEIRO CHACRA • *CHACRA DO PLEXO SOLAR*

Em torno do umbigo e parte inferior do tronco; relacionado a se sentir poderosa no seu ambiente. Um desequilíbrio faz com que você se sinta vitimada, irritada e impotente.

QUARTO CHACRA • *CHACRA CARDÍACO*

Localizado exatamente onde você espera que esteja. Relacionado a se sentir amada e em paz consigo mesma e com o mundo. Um desequilíbrio pode se manifestar como problemas cardíacos ou imunológicos ou fazer com que você sinta que não tem compaixão pelos outros.

QUINTO CHACRA • *CHACRA LARÍNGEO*

Região da garganta e do pescoço; ligado a sentimentos de criatividade e comunicação. O desequilíbrio ocorre quando você não consegue se fazer ouvir e se manifesta como desconforto nessa área.

SEXTO CHACRA • *CHACRA DO TERCEIRO OLHO*

No centro da testa (glândula pineal ou terceiro olho); relacionado a habilidades psíquicas, imaginação e sonhos. Um desequilíbrio pode resultar em "bloqueio de escritor" ou uma falta geral de ideias ou visão.

SÉTIMO CHACRA • *CHACRA DA COROA*

Localizado no topo da cabeça, associado à conexão espiritual, à compreensão e à felicidade. O desequilíbrio resulta em sentimentos de fraqueza ou em não saber no que você acredita.

Os chacras são os pontos de coleta e transmissão de energia no corpo e, se estiverem limpos e equilibrados, *você* vai se sentir limpa e equilibrada. Se um chacra fica desequilibrado ou bloqueado com energia negativa, você vai sentir isso, seja fisicamente (como no caso de um chacra da garganta bloqueado) ou emocionalmente (como no caso de um chacra da coroa bloqueado). Mas nem tudo está perdido! O pêndulo pode ajudar a limpar essas áreas problemáticas, deixando-a tão equilibrada quanto uma ginasta olímpica.

Então como você determina quais chacras estão claros como cristal e quais estão estagnados? Você vai precisar de uma parceira ou parceiro para esse exercício, alguém que não tenha vergonha e que não se incomode de se deitar de bruços. Primeiro, você vai avaliar os chacras da sua amiga ou amigo. Peça para a pessoa se deitar com a barriga para cima no chão ou na cama e sente-se ao lado. Ambas devem fechar os olhos e respirar para concentrar a energia e limpar a mente das distrações. Quando as duas estiverem prontas, comece segurando o pêndulo sobre o chacra raiz da sua amiga. (Na verdade, ele fica localizado perto do bumbum, mas você pode acessar a energia segurando o pêndulo sobre a região genital... é por isso que você não deve escolher uma amiga tímida para esse experimento.) Pergunte: "Este chacra está equilibrado?". Repita a pergunta até que a resposta fique clara. Anote a resposta e, em seguida, suba pelo corpo, fazendo a mesma pergunta nos outros seis chacras. Use a lista de chacras fornecida para interpretar o que está acontecendo com sua amiga.

Se você descobrir que um chacra está fora de sintonia, pegue o pêndulo e mova-o no sentido horário sobre a região. Isso "agita" o chacra, permitindo que aquilo que o está prendendo comece a se mover e, com sorte, seja eliminado.

Agora peça à sua amiga ou amigo que execute a mesma sequência de etapas para avaliar os seus chacras.

O CUIDADO E A "ALIMENTAÇÃO" DO SEU PÊNDULO

É importante manter o pêndulo limpo, ainda mais se ele for feito de cristal. Basta uma limpeza mensal, mas, se você o estiver usando para equilibrar os chacras, recomendo que faça o procedimento de limpeza descrito a seguir depois de cada sessão.

Agora, tenho que deixar claro o seguinte: você não pode limpar seu pêndulo jogando-o na máquina de lavar louça ou deixando-o no bolso da calça jeans suja quando estiver lavando a roupa. Use um pano macio para limpar qualquer mancha ou poeira, mas saiba que as forças energéticas são as "manchas" mais difíceis que você vai ter que remover do pêndulo, e isso deve ser feito da maneira certa. Você vai precisar usar os elementos mais fortes à sua disposição: os elementos da natureza.

TERRA: Enterre seu pêndulo no solo, na areia ou no sal marinho e deixe-o ali por algumas horas. (Você pode até fazer isso dentro de casa usando uma tigela.) As energias negativas vão ser liberadas e absorvidas pelo elemento terreno. Se você enterrar o pêndulo em uma tigela, remova a terra, a areia ou o sal quando terminar. Leve o que sobrar para fora e despeje direto na terra.

FOGO: Coloque o pêndulo sob a luz direta do sol de manhã bem cedo. Deixe-o ali até o pôr do sol para permitir que a energia positiva seja absorvida.

ÁGUA: Esse método requer um copo de água energizado por um cristal. (Para fazer isso, recomendo colocar um cristal de quartzo em um recipiente com água e deixá-lo de molho por cerca de doze horas.) Coloque o pêndulo na água energizada e deixe-o ali por várias horas.

AR: Acenda uma vareta de incenso de sândalo e passe o pêndulo pela fumaça três vezes. Como você está diretamente envolvido nesse processo, precisa se concentrar muito na tarefa em mãos, fazendo uma prece de limpeza ou bênção ou declarando sua intenção. Quando o pêndulo parecer leve e sólido (e não pesado ou "confuso"), a limpeza está completa.

Seu futuro está em movimento

Ao usar o pêndulo para tomar decisões, você vai ter uma incrível sensação de controle sobre o seu mundo. Por que uma pedra ou um cristal deveria fazê-la sentir que finalmente está vendo as coisas como são e podem ser? Porque o pêndulo é só um meio de colocá-la em contato com o que você já sabe. Portanto, conecte-se com esse conhecimento, deixe-o sair, use-o! E, quando as pessoas começarem a dizer coisas como "Mary é tão sábia, tem tanto contato com os próprios sentimentos, é tão confiante em relação ao que vai fazer na vida", você pode compartilhar seu segredinho... ou dar um sorrisinho.

Wiccapédia

Capítulo 17

Hoje e amanhã nas folhas de chá

Shawn Robbins

Durante séculos, pessoas em todo o mundo vêm bebendo chá só para olhar para o resíduo no fundo da xícara e ver o que o futuro lhes reserva. Embora possa parecer surpreendente, esse método de divinação pode ser muito preciso. Parece difícil acreditar que seu futuro pode se resumir a um punhado de folhas de chá no fundo de uma xícara, mas, depois que você aprender a decifrar os padrões e símbolos, vai desenvolver um grande conhecimento.

Como os wiccanos usam as folhas de chá na prática diária? Na verdade, da mesma forma que os médiuns os usam: para dar uma olhada no que está por vir ou para esclarecer questões que estão acontecendo agora. Como sua guru wiccana da folha de chá, vou lhe ensinar a maneira certa e adequada de interpretar as folhas e lhe dar um entendimento melhor de como elas funcionam. Muitas pessoas que não têm o *know-how* tendem a interpretar mal os símbolos no fundo de uma xícara e chegam a pensar que estão condenadas a uma vida de labuta e aflição, quando é exatamente o oposto. Neste capítulo, você vai encontrar todas as informações de que precisa para ler as folhas como uma profissional.

O termo correto para esse método de divinação, que também pode ser praticado com borra de café, é "tasseografia" (também conhecida como tasseomancia ou tasseologia). A palavra vem do francês *tasse* (xícara), que, por sua vez, é derivada do árabe *tassa*. Acredita-se que as leituras de folhas de chá foram praticadas pela primeira vez na China antiga e no Oriente Médio, depois seguiram na direção oeste até a Europa junto da cultura do chá antes de finalmente chegar às costas da América do Norte.

Por algum tempo, as leituras de folhas de chá nos Estados Unidos eram associadas a trapaças e até roubos. Só no século XIX, com a Guerra Civil Americana em curso, as leituras de folhas de chá se tornaram populares, principalmente nos estados do sul. Diz a lenda que os soldados a caminho da batalha paravam em uma das muitas plantações ao longo do caminho para descansar, alimentar os cavalos e tomar uma xícara de chá, e às vezes um membro da comunidade se oferecia para ler a sorte do soldado (geralmente com uma visão positiva).

AS VISÕES ESTÃO FERVENDO

Para criar visões nas suas folhas de chá, você precisa começar a cozinhar. Mas não se preocupe, não é nada do outro mundo.

Para começar, você vai precisar de um bule. Não precisa ser nada sofisticado, contanto que ferva água. Também vai precisar de uma xícara branca ou de cor clara. Isso vai garantir que você consiga distinguir com clareza os padrões e as imagens que vê no sedimento. O tamanho da xícara não é importante, mas a largura sim, já que um fundo mais largo vai facilitar a visualização das folhas de chá.

Encha o bule com água, leve ao fogo e espere ferver. Algumas pessoas gostam de usar água mineral porque dizem que é mais pura. Se você não tiver água mineral, pode usar água da torneira e abençoar o bule dizendo estas palavras três vezes:

Limpo e abençoado tu estejas,
Água pura, que assim seja.

Coloque cerca de meia colher de chá de folhas de chá soltas no fundo da xícara. Mexa as folhas enquanto espera a água ferver. Nessa etapa, é importante se concentrar nas perguntas ou problemas para os quais deseja respostas, então concentre-se o melhor que puder e tente não deixar a mente divagar.

Quando a água do bule atingir o ponto de ebulição, despeje-a na xícara e mexa por um minuto ou mais, ainda mantendo a mente focada nas perguntas. Deixe o chá esfriar até uma temperatura agradável e beba-o. É importante não tomar o chá de uma vez só — isso vai lhe dar gases e você também pode queimar a boca. Filtre as folhas nos lábios para não beber junto com o líquido. É complicado, mas, no fim das contas, vale a pena!

Quando sobrar só uma pequena quantidade de líquido no fundo da xícara, é hora de parar. Pegue a xícara e gire o líquido restante três vezes no sentido horário. Coloque a mão sobre o topo da xícara para espalhar o restante de líquido pelas laterais sem derramar. Agora você está pronta para ler.

ANALISANDO AS FOLHAS

Leitores de folhas de chá de todas as culturas baseiam suas leituras na interpretação das figuras formadas pelos resíduos das folhas. Ao ler as folhas, você vai entrar em contato com seu eu interior e sua mente subconsciente. É muito semelhante a ler a mancha de tinta em um teste de Rorschach.

Observe a figura criada pelas folhas. O que você acha que ela parece? Use a imaginação para associar uma palavra a ela. A primeira palavra que vem à mente é muito importante.

Digamos que você tenha perguntado à xícara de chá se vai ter sucesso na sua carreira. Você pode imaginar que as folhas de chá formam um carro ou trem. A leitura de folhas de chá é semelhante à interpretação dos sonhos, pois ambas usam símbolos. No entanto, os símbolos podem ser interpretados de forma diferente, porque um sonho pode mostrar movimento. Por exemplo, em um sonho, um veículo estacionado indicaria um beco sem saída ou uma situação de estagnação, seu subconsciente pode estar lhe dizendo que você está em um emprego sem futuro. Mas, na leitura de folhas de chá, como as folhas de chá são sempre estáticas, você não consegue diferenciar entre movimento e estagnação. A maioria das pessoas que veem um carro o associam ao movimento, então a mente subconsciente interpretaria o símbolo de um veículo como "continue avançando".

A lista é interminável quando se trata de palavras, imagens e associações, então vou mantê-la curta e simples para ajudá-la a começar:

CASA: Representa o Eu; se a casa estiver em bom estado de conservação, você também está.
OBJETO PONTIAGUDO: Perigo.
TREVO: Boa sorte.
GATO: Doença breve.
CHAVE: Um novo empreendimento está chegando.
DIAMANTE: Espere dinheiro de uma fonte inesperada.
PÁSSAROS: Bons presságios.
CORAÇÃO: Uma recompensa está a caminho.
TRIÂNGULO: Carma bom.
QUADRADO: Cuidado!
CÍRCULO: Sucesso adiante.
NÚMEROS: Indica o tempo em meses, dias ou anos.
COBRA: Sabedoria.
FOLHA: Uma nova perspectiva na vida.
TELEFONE: Uma mensagem está a caminho.
MONTANHA: Uma tarefa inacabada está perseguindo você.

Existem dezenas de imagens associadas a destinos específicos e, como o assunto merece ter um livro exclusivo, só posso incluir algumas aqui. Se quiser estudar mais a fundo, acesse a internet e pesquise "símbolos de leitura de folhas de chá". Essas informações estão disponíveis on-line.

Dica da Leanna

Este segredinho raramente é contado em livros sobre a leitura das folhas de chá, mas vai ajudá-la muito toda vez que você quiser ferver uma previsão. Mantenha um diário de folhas de chá à mão sempre que consultar a xícara mística. Observe as formações nas folhas. Se você vir uma imagem que não está listada em nenhum lugar nas suas referências, medite sobre o símbolo e use suas habilidades psíquicas para encontrar palavras que o representem. Anote suas descobertas no diário para poder usar essa interpretação de novo. Toda vez que você ler o oráculo, faça a mesma coisa. Você logo vai poder combinar certas imagens com eventos futuros na sua vida. Em pouco tempo, você vai estar prevendo seus dias e eventos com incrível precisão!

WICCAPÉDIA

CAPÍTULO 18

COISAS QUE VOCÊ VAI VER, OUVIR E ACREDITAR

SHAWN ROBBINS

Você já desejou poder se sentar bem onde está, na sua cadeira confortável com uma boa xícara de chá, e saber o que está acontecendo com seus amigos ou familiares que estão a centenas de quilômetros de distância? Alguns wiccanos têm o poder de captar a energia de lugares e eventos distantes e vê-los por meio de uma habilidade conhecida como *clarividência*. Outros ouvem vozes ou impressões por meio da *clariaudiência*, e há aqueles que sentem energias por meio da *clarissenciência*. Esses tipos de comunicação pela percepção extrassensorial são muito mais interessantes do que telefonar para sua irmã que mora na mesma rua e são fáceis de realizar quando você sabe como fazer.

Embora eu esteja falando sobre se concentrar em pessoas ou eventos próximos ao seu coração, muitos videntes wiccanos podem receber imagens, sons e sentimentos que não necessariamente pedem, e muitas vezes não conseguem controlar, sobre pessoas que eles não conhecem. Para esses wiccanos (inclusive eu), esse poder pode parecer uma maldição e também uma bênção. Em primeiro lugar, você pode ficar muito sobrecarregada com impressões que nem sempre entende; em segundo lugar, como a maioria das pessoas comuns tende a ser cética, nem sempre é fácil fazer com que elas prestem atenção aos avisos que você pode lhes dar com base em seus insights.

Isso não quer dizer que nós, videntes, não valorizemos e apreciemos o nosso dom. Só precisamos aprender a aprimorá-lo, controlá-lo da melhor maneira possível e saber quando e como colocá-lo em bom uso.

VIDENTES AO LONGO DOS SÉCULOS

Alguns acreditam que os profetas religiosos da história receberam mensagens de uma fonte divina; outros acreditam que essas pessoas estavam realmente recebendo mensagens do outro lado. É possível que essas pessoas talentosas estivessem recebendo algum tipo de mensagem espiritual invisível e inaudível para os outros. Portanto, é perfeitamente concebível que eles tivessem algum tipo de habilidade intuitiva que os capacitasse a ver e ouvir o que não era aparente no plano físico.

Nostradamus (1503-1566), talvez o vidente mais famoso da história, iniciou a vida profissional como médico na França. Depois que a esposa e o filho morreram de peste, ele desabou e renasceu como um contador de histórias do futuro. Ele é autor do famoso livro *As Profecias*, que seus seguidores acreditam ter previsto tudo, desde o assassinato de Lincoln até a ascensão de Hitler e o Onze de Setembro. Algumas pessoas questionam se Nostradamus era clarividente ou profeta. Não há uma resposta acadêmica para isso. Até onde eu sei, profetas *são* videntes, então eu diria que ele foi as duas coisas.

Um famoso vidente estadunidense moderno foi Edgar Cayce (1877-1945), também conhecido como "o profeta adormecido", já que muitas das suas visões lhe ocorreram enquanto ele descansava em silêncio em um estado de transe. Quando alguém com um problema pedia orientação a Cayce, o vidente se deitava e entrava em transe e relatava suas descobertas a um assistente que fazia anotações ao lado. Cayce, que acreditava firmemente que a mente subconsciente tinha informações que não ficavam disponíveis para a mente consciente, alegava não se lembrar das visões ou do que havia dito ao assistente, mas a precisão de algumas de suas previsões lhe rendeu um grande número de apoiadores.

Em 1972, os pesquisadores Harold Puthoff e Russel Targ conduziram uma série de estudos sobre visão remota no Stanford Research Institute com o intuito de determinar se os videntes conseguiam dar informações precisas sobre locais ou pessoas distantes. Puthoff e Targ escolheram locais aleatórios e pediram aos videntes para sintonizarem esses locais e descreverem verbalmente ou desenharem o que estavam vendo. Três homens (incluindo o famoso paranormal Uri Geller) estavam determinados a ter habilidades de clarividência. Claro que alguns céticos reclamaram e chamaram o experimento de farsa, mas isso não é novidade.

VEJA, OUÇA, SINTA

Agora é hora de olharmos para os detalhes do recebimento de mensagens remotas, os diferentes tipos de dons envolvidos e as diversas energias às quais as pessoas (incluindo você) podem ser sensíveis.

Os **CLARIVIDENTES**, como você já deve saber, recebem visões, seja enquanto estão em estado de meditação, enquanto dormem ou enquanto realizam seus afazeres diários.

Os **CLARIAUDIENTES** ouvem coisas que não são audíveis para os outros. Podem ser as vozes de guias espirituais ou mensagens de espíritos que já faleceram.

Os **CLARIOLFATIVOS** conseguem sentir o cheiro do mundo espiritual. Por exemplo, se seu avô falecido fumava cachimbo ou comia alho o tempo todo, você pode sentir esse cheiro e saber que o espírito dele está por perto.

Os **CLARIGUSTADORES** conseguem sentir o gosto do que um espírito desfrutou durante a vida.

Os **CLARISSENCIENTES** conseguem avaliar e sentir os campos energéticos ao redor de pessoas e outros seres — animais, plantas ou qualquer coisa com uma força vital — e mudar essas energias se for necessário.

Os **CLARICOGNITIVOS** não ouvem nem veem imagens, mas sabem coisas que não poderiam ter aprendido por meios cotidianos. Por exemplo, um claricognitivo pode conseguir dizer quem foi seu tataravô mesmo que nunca tenha ouvido o nome do homem e não conheça a história da sua família. O próprio claricognitivo não sabe como essa informação encontrou um caminho até sua consciência; ela simplesmente sai de sua boca.

Na maior parte deste capítulo, vou me concentrar na clarividência, porque essa é a minha especialidade. Menciono as outras habilidades porque não é incomum que os videntes tenham mais de uma. No entanto, também é comum ter uma e não conseguir desenvolver outra. Conheço uma mulher que é clariaudiente desde menina. Durante anos ela tentou desesperadamente se tornar clarividente, até que um dia foi sábia o suficiente para dizer a si mesma: "É assim que eu recebo informações, e não há nada de errado com isso!".

GAROTINHA VIDENTE

No início deste capítulo, comentei que tenho o dom da clarividência. Também deixei implícito que essa habilidade nem sempre foi bem recebida na minha vida. Vou contar a minha história.

Minha avó, uma mulher incomum e adorável, se sentou ao meu lado um dia quando eu era muito pequena e disse: "Shawn, você sabe que é diferente, não é?". Eu sabia que era, mesmo naquela idade, mas, ainda assim, como não tinha palavras para descrever o que sentia ou como exatamente eu era diferente das outras crianças, perguntei o que ela queria dizer. Ela me disse que eu era clarividente e explicou: "Você sabe coisas que os outros não sabem. Você consegue ver as coisas antes que elas aconteçam. Você consegue ler o pensamento de outras pessoas, não é?"

Ela estava certa. Eu conseguia fazer todas essas coisas, pelo menos de vez em quando, mas, sendo tão pequena, eu achava que todo mundo conseguia! Foi a primeira vez que os meus dons foram colocados diante de mim, por assim dizer, e eu tive que reconhecê-los e aceitá-los como algo que me diferenciava dos meus amigos, algo que eu tinha e eles não.

Algumas semanas depois dessa conversa com a minha avó, eu estava brincando com os amigos quando ouvi a voz dela se despedindo de mim, dizendo que me veria no céu. Dá para imaginar como isso é perturbador para qualquer pessoa, ainda mais para uma garotinha! Corri até a minha mãe e perguntei o que tinha acontecido com a minha avó e fiquei sabendo que ela havia sido internada no hospital. No fim do dia, recebemos a ligação dizendo que a vovó tinha falecido.

Essa é apenas uma das centenas de mensagens que recebi desde a infância, e naquela vez foi muito precisa. Outras vezes, porém, recebi alarmes falsos. Certa vez, acreditei que uma pessoa que eu conhecia ia morrer em um acidente de carro terrível e chorei muito o dia todo. Mais tarde naquela noite, descobri que ela havia chegado sã e salva em casa e tive que encarar o fato de que as minhas premonições nem sempre eram corretas. Eu não tinha certeza de como me sentia em relação a isso; não sabia se eu estava totalmente errada ou se tinha interpretado mal o que vi, mas fiquei aliviada por ela ter saído ilesa, claro.

Esse tipo de intuição equivocada pode acontecer com médiuns com frequência. A maioria das pessoas tem medos arraigados em relação aos seus entes queridos em um momento ou outro, mas, quando você tem o "dom", é difícil diferenciar entre o medo e uma mensagem real. Os fios psíquicos podem se cruzar, e é fácil perder a fé na sua habilidade.

Se você tem habilidades psíquicas, o que deve fazer quando vir uma coisa assustadora ou negativa no futuro de uma pessoa? É útil contar para a pessoa ou você deve guardar para si mesma? Por um lado, se você puder contar à pessoa uma coisa que ela pode evitar — como ser atropelada por um ônibus —, pode ser bom avisar. Por outro lado, se você vir uma doença de longa duração ou uma tristeza extrema, fica um pouco mais complicado. Você deveria contar ou apenas ficar sentada ali sorrindo, como se tudo estivesse ótimo?

Leanna e eu acreditamos em dizer a verdade, não importa o que aconteça, mas você também precisa se lembrar de que não é Deus e não vai acordar paranormal todos os dias. Você precisa ter tato e escolher as palavras com muito cuidado. Além disso, às vezes as mensagens que recebemos podem ser vagas ou confusas, por isso nem sempre acontece de você ver com clareza seu amigo ou ente querido adoecendo gravemente ou sendo atropelado por um ônibus. Muitas vezes, você vai receber só uma mensagem de que seu amigo pode precisar consultar um médico por algum motivo ou que ele pode sentir dor nas costas — nada muito assustador de prever —, mas depois você vai descobrir o quanto foi preciso ao ouvir que seu amigo escorregou no gelo, machucou as costas e teve que ir ao médico.

Portanto, no caso de você ter notícias negativas para relatar, sempre seja sensata e pense antes de falar. Dê um aviso sem aterrorizar a vida do seu amigo ou fazê-lo se sentir paranoico e lembre-se destas verdades:

* Todos nós temos livre-arbítrio. Só porque você está vendo uma coisa no futuro que *pode* acontecer, não significa que *vai* acontecer. O futuro está mudando o tempo todo com base nas nossas ações e nas ações de outras pessoas. É como o efeito borboleta. Um pequeno incidente pode desencadear uma reação em cadeia de outros incidentes, então nada jamais é gravado em pedra.
* As provações da vida nos deixam mais fortes e abrem novas portas. Embora não pareça uma coisa boa no momento, uma coisa que parece uma grande tragédia agora — o fim de um casamento, a perda de um emprego — pode ser só o começo de um novo futuro. Sempre dê esperança e diga às pessoas que elas estão aprendendo lições valiosas e sendo guiadas pelos próprios anjos.
* Quando alguém for até você com um grande problema e não tiver a quem recorrer, ajude a pessoa a manter os pés no chão, dizendo que o Criador Divino nunca dá às pessoas nada que elas não consigam enfrentar. Incuta a sua força nas pessoas e as encoraje com novas ideias.

Quando você está trabalhando com suas habilidades, é importante lembrar que seus sentimentos, e as visões e impressões sonoras que recebe, não *fazem* as coisas acontecerem. Nada do que você vê, ouve ou sente é culpa sua. O motivo para eu dizer isso é que as pessoas com poderes de PES às vezes se sentem muito culpadas quando suas premonições negativas se cumprem. Às vezes você pode alertar as pessoas, às vezes não, e muitas vezes elas não escutam. Portanto, aceite as coisas do jeito que elas surgem, use o bom senso para compartilhar as informações e, depois, aprenda a deixar para lá.

AJUDE-NOS A VER

Apesar de todo o ceticismo em torno da PES, de vez em quando você vai ouvir que uma força policial recorreu a um clarividente em busca de ajuda para solucionar um caso. Muitas vezes, isso está relacionado a uma pessoa desaparecida, mas às vezes um vidente também participa de uma cena de crime violento.

Os videntes, quer se considerem clarissencientes ou não, podem usar a energia do alvo (nesse caso, a pessoa desaparecida ou o perpetrador) — e, na verdade, dependem dela — ou da própria cena do crime para obter informações valiosas. Quando ajudei a polícia a resolver crimes, fui direto para a cena do crime. A cena emite vibrações que me ajudam a visualizar o que aconteceu ali e quem pode ser o responsável.

Vou explicar como isso é possível. Quando alguém comete um ato de violência, deixa para trás um monte de energia negativa. É como deixar o DNA para trás, mas as autoridades não podem espanar para identificar a energia e empacotá-la, como acontece com outras evidências. Se eu conseguir me conectar com essa energia, consigo obter uma leitura sobre quem pode ser a pessoa, qual pode ser seu estado energético atual (ela está com medo? Ainda está com raiva? Morta?) e até mesmo onde pode estar (Eu vejo ou sinto um lugar frio, úmido e escuro? Será que ela pode estar em uma casa de barcos ou um estaleiro?). Isso é um tipo de clarissenciência que me leva à clarividência.

Da mesma forma, quando uma pessoa desaparece, é útil o vidente ir até a cena do sequestro (se for conhecida) ou recorrer à psicometria e a segurar fisicamente uma coisa que pertence à pessoa. O item, seja qual for, vai ajudar o vidente a se conectar com o estado atual de energia da pessoa desaparecida e talvez receber uma visão de onde a pessoa está naquele momento.

Fico frustrada quando ouço céticos dizerem: "Ah, qualquer um pode dar uma descrição tão vaga de um lugar!". Em primeiro lugar, é uma informação melhor do que qualquer não vidente poderia fornecer; em segundo lugar, uma descrição vaga ainda é melhor do que nada e oferece alguma orientação para as autoridades.

A maioria dos videntes deseja de fato compartilhar sua habilidade de ajudar; a maioria não tem o objetivo de ficar famosa ou criar o próprio reality show. Eles nasceram com uma habilidade que, como eu disse, pode parecer uma bênção e uma maldição e desejam que as bênçãos superem muito toda a negatividade com a qual tiveram que lidar.

APRENDA A VER... COM O TERCEIRO OLHO

Digamos que você suspeite que tem habilidades de clarividência. Como desenvolvê-las? Existe uma escola para videntes? Na verdade, existem seminários para aprimorar essa habilidade, mas você também pode tentar fazer isso na privacidade da sua casa.

Especialistas na área vão dizer que a clarividência é o resultado de ter um "terceiro olho" claro e aberto. Pode ser necessário um pouco de conhecimento prévio se você não estiver familiarizado com o termo: o terceiro olho é parte do sistema de chacras do corpo. O sexto chacra, localização do terceiro olho, fica no meio da testa (embora possa ser mais alto ou mais baixo em algumas pessoas); está relacionado à intuição e a uma compreensão superior do mundo.

A primeira coisa que você pode fazer para melhorar a clarividência é limpar o chacra do terceiro olho. Isso pode ser feito por meio de uma meditação especial para a qual você vai precisar de um cristal azul ou uma pedra preciosa, como azurita, lápis-lazúli ou cianita.

Para começar, diminua as luzes, acenda algumas velas e coloque uma música que a acalme. Agora deite-se e coloque o cristal ou pedra azul na testa. Respire fundo: inspire pelo nariz o mais fundo que conseguir e, em seguida, expire pela boca. Inspire e expire dessa maneira durante trinta a sessenta segundos. Comece a se concentrar na área onde o cristal está. Imagine o cristal abrindo esse local. Talvez você sinta um calor ou um formigamento.

Quando sentir que o local está totalmente aberto, continue respirando fundo. Desfoque a mente (como falamos no capítulo 13 na parte de catoptromancia) e veja o que aparece. Você não precisa saber do que se trata a visão; pode interpretar depois. Por enquanto, simplesmente esteja com a visão no momento.

É aqui que você também pode tentar desenvolver capacidades clariaudientes. Enquanto estiver em estado meditativo profundo, dedique algum tempo para se concentrar também nos ouvidos. Veja se consegue ouvir alguma coisa vinda do outro lado.

DIGA-ME O QUE VÊ

Ao longo de anos de prática e repetição, aprendi a "evocar" visões para outras pessoas. Se alguém me pedir conselhos sobre um assunto específico, posso me concentrar o suficiente para "ver" o que vai acontecer.

Por exemplo, se uma mulher me perguntasse se deveria continuar saindo com um homem específico, eu fecharia os olhos e entraria em estado de meditação profunda ou de transe enquanto me concentrava na pergunta. Uma data pode surgir na minha mente e, nesse caso, eu diria a ela para marcar no calendário e procurar uma coisa significativa que vai acontecer; ou pode ser um local, como um restaurante, e nesse caso eu talvez dissesse que pode ser o local de uma noite significativa com o amigo; ou posso ver um pedido de casamento ou uma separação.

Assim como Edgar Cayce, não costumo me lembrar dos transes nem do que aconteceu durante eles. O subconsciente do clarividente tende a bloquear esses encontros e nos deixar com uma sensação de amnésia. Pode ser um mecanismo de defesa para evitar que tenhamos medo demais de coisas inexplicáveis. Mas sempre fico feliz em ajudar quando e onde puder, e, quando você desenvolver suas habilidades, sei que também vai pensar assim!

Dica da Leanna

Para aumentar seus poderes de clarividência ao praticar, sempre use um lápis-lazúli (por exemplo, em um colar ou anel) perto da pele. Ele também pode ser usado fora da prática para atrair vibrações visionárias. Assim que você começar a usar sua clarividência, visões de eventos futuros vão surgir de vez em quando na sua mente. Embora, a princípio, essas visões pareçam apenas que sua imaginação está fugindo, você vai ganhar mais confiança nas suas capacidades assim que elas começarem a se tornar realidade.

TERRA

FECHANDO O CÍRCULO

PARTE 5

WICCAPÉDIA

CAPÍTULO 19

AS BOAS PRÁTICAS DA VERDADEIRA BRUXARIA

LEANNA GREENAWAY

Estas palavras são cumpridas pela Rede Wiccana:
"Se não prejudicar ninguém, faça o que quiser."

Não é que não tenhamos a capacidade de enfeitiçar nossos ex-namorados ou fantasiar que transformamos os mais insuportáveis em um sapo! Não é ético, e não fazemos isso. A maioria das religiões segue regras e diretrizes e, embora a Wicca seja considerada uma religião descontraída, também temos leis rígidas que seguimos à risca. Só porque podemos fazer coisas mágicas aparecerem do nada, não significa que seja sempre a coisa certa a fazer. É vital que, antes de sairmos acenando a varinha, pensemos com cuidado no que estamos fazendo, para ter certeza absoluta de que não estamos afetando negativamente ou atrapalhando outra pessoa.

É verdade que a maioria das bruxas wiccanas lança seus feitiços com boas intenções, mas sempre há aquelas que ultrapassam os limites. Existem pessoas em todo o mundo que realizam magia para o mal porque foram maltratadas ou buscam vingança por um erro. Algumas são desvirtuadas pela inveja e desejam um destino ruim para os mais afortunados do que elas, e, embora pareça bizarro que no século XXI as pessoas ainda amaldiçoem outras, não é tão incomum. Sinceramente, esses indivíduos desprezíveis não podem se chamar de wiccanos, pois todo mundo sabe que as bruxas wiccanas só trabalham pelo bem maior. Por outro lado, as pessoas que usam essas habilidades para fazer mal são apenas almas egoístas que usam a magia como uma forma de obter controle e poder sobre os outros, usando-a puramente para sua própria gratificação.

Uma bruxa inexperiente às vezes pode mergulhar no lado das trevas sem querer. Houve uma vez, quando eu não era a bruxa doce e gentil que sou hoje, em que lancei de propósito um mau-olhado para a minha vizinha. Desde que eu conseguia me lembrar, ela era uma figura muito desagradável que, por algum motivo, desprezava a nossa família. Ela reclamava conosco de quase tudo — desde os nossos gatos até galhos pendentes das nossas árvores — e sempre fazia fofocas sobre nós para outros vizinhos. Depois de intermináveis tentativas de morder a língua e ser educada, alguma coisa dentro de mim virou do avesso. Um dia, ela foi tão grossa comigo que eu me esqueci dos meus modos, olhei bem nos olhos dela e, baixinho, desejei uma praga de gafanhotos. Claro que a praga de gafanhotos não apareceu por milagre do céu e enxameou em direção a ela, mas, alguns minutos depois que murmurei aquelas palavras fatídicas, o freio de mão do carro dela soltou, e o carro começou a rolar ladeira abaixo. Por sorte, ela e os passageiros já tinham saltado, então não houve vítimas, mas o automóvel bateu no alpendre de outro vizinho, provocando muitos danos.

Minha mãe me chamou em um canto e ergueu aquela velha e sábia sobrancelha. Ela disse baixinho: "Você sabe que isso foi sua culpa!". Tive que admitir que, com a tenra idade de quinze anos, meus poderes e minha projeção de pensamento estavam ficando mais fortes a cada dia. Como você pode imaginar, minha mãe ficou ainda mais horrorizada quando eu apenas dei de ombros e soltei uma risada adolescente perversa. Como eu tinha quebrado a primeira regra da Wicca — "Não faça mal a ninguém" —, ela me deixou de castigo por uma semana. A maioria das crianças daquela época era punida por ficar na rua até tarde ou se embebedar, mas eu fiquei presa por enfeitiçar a vizinha. Mas não acabou aí, porque, logo depois, as forças cármicas entraram em ação. Nosso carro quebrou em um caminho de terra e precisou de muitos reparos. Então o pensamento desagradável que mandei para a vizinha voltou e nos pegou.

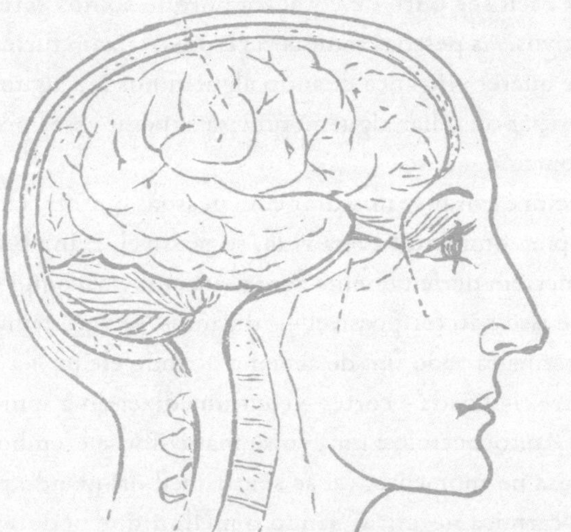

QUANTO PODER TEM A MENTE?

Você não precisa montar um altar com meia dúzia de pés de morcego e treze velas pretas para amaldiçoar alguém. Um simples pensamento de ódio por outra pessoa pode ter o mesmo efeito. Quando pensamos com sentimento, estamos, na verdade, jogando uma bola de energia para o éter. Os cientistas ainda não exploraram por completo os mistérios desse poder, mas, assim como podemos causar danos com o nosso corpo, também podemos causar danos com a nossa mente. Um feitiço mental — chamado de "mau-olhado" em muitas culturas em todo o mundo — é muito temido.

Ao visar a um indivíduo e lhe enviar pensamentos diabólicos, podemos criar uma energia negativa que paira como uma nuvem pesada sobre a pessoa e, às vezes, sobre seus entes queridos. A vida da pessoa fica estressante e difícil e muitas vezes foge do controle. Ela pode adoecer, enfrentar dificuldades financeiras, perder o emprego ou outras coisas terríveis. Só pessoas de mente forte com um pouco de *know-how* mágico reconhecem essa negatividade e sabem como impedi-la de alcançá-las. Embora você possa se proteger com pentáculos, sal, orações de proteção dos anjos e outros métodos, essas técnicas só funcionam se você tiver força de espírito para acreditar que a maldição não vai chegar até você, porque a negatividade se alimenta do medo. Não fiz muitos inimigos na vida, mas, nas poucas ocasiões que fiz, notei um nível de caos se acumulando na minha vida cotidiana. Pode ser qualquer coisa, desde o telhado precisar de conserto até um animal de estimação ficar doente e você pegar um resfriado muito forte. É nessas horas que eu bloqueio esses pensamentos destrutivos, e isso os desvia de volta para quem os enviou.

Nem sempre é fácil ser puro de coração, porque somos seres humanos e nascemos para ser emotivos. As pessoas muitas vezes nos deixam furiosas, e um dos nossos instintos básicos é querer vingança quando alguém nos faz algum mal. Se, por algum motivo, você desprezar ou odiar alguém, precisa superar esses instintos naturais e ser melhor do que o outro.

A melhor maneira é evitar se misturar com pessoas que atrasam a sua alma e remover essas pessoas por completo da sua vida, se possível. É importante que as pessoas ao seu redor se conectem perfeitamente com a sua energia, complementando-a, em vez de atrapalhá-la. Se isso não for possível — digamos, se você tem que ver seu ex-companheiro ou companheira todo fim de semana quando ele ou ela visita as crianças —, tente ao máximo ser civilizada e cortês e continue dizendo a si mesma que você é melhor do que isso. O autocontrole é uma coisa maravilhosa e, embora você possa não se sentir muito piedosa no momento, vai se sentir melhor quando perceber que não aumentou sua carga cármica negativa. Sendo o melhor que pode ser, você corrige o desequilíbrio da situação. Isso demonstra uma grande força de caráter e atua como uma forma de promover seu desenvolvimento espiritual. Seus guias e anjos recomendam esse tipo de comportamento e muitas vezes oferecem uma pequena recompensa em seguida, seja um pouco de dinheiro extra ou apenas um dia maravilhoso ao ar livre.

O QUE VOCÊ DEVE FAZER SE ACHAR QUE ALGUÉM A AMALDIÇOOU?

Recebo muitas cartas com perguntas dos leitores, e essa deve ser a pergunta mais comum de todas. Normalmente, se você não tem inimigos, é improvável que o azar que está enfrentando tenha alguma coisa a ver com um feitiço. No entanto, se você não se dá muito bem com sua sogra ou se seu ex-marido ou esposa está falando mal de você em todas as oportunidades, é bem possível que a negatividade esteja afetando você de alguma forma. Portanto, é essencial você ter o mínimo possível de inimigos. Se houver alguém que claramente não gosta de você, é importante tentar melhorar esse relacionamento ou se afastar dessa pessoa, ponto final. Se você não estiver grudada na pessoa 24 horas por dia, sete dias por semana, ela não vai amaldiçoá-la em silêncio o tempo todo e gerar problemas para você.

No entanto, às vezes não é tão fácil e, por algum motivo, a vida vai dar um jeito de sempre estarmos na mesma vizinhança que os nossos inimigos. Em situações em que é impossível se afastar de uma pessoa, feitiços como os apresentados a seguir às vezes são necessários para evitar que vibrações negativas sejam lançadas na sua direção.

MAGIA DO ESPELHO

Na minha opinião, o espelho é um dos itens mais importantes no kit de ferramentas de proteção de uma bruxa. Reúna o máximo de pequenos espelhos que conseguir encontrar e coloque um virado para fora em todas as janelas da sua casa. (Se você tiver janelas com vários painéis, não precisa colocar um espelho em cada painel; basta um.) O espelho vai refletir todas as vibrações negativas, devolvendo-as para o lugar de onde vieram, para elas não desequilibrarem a sua vida. Ele vai criar um campo de força protetor para que você não tenha problemas nem conflitos. Tenho espelhos instalados o tempo todo e só os tiro para fazer uma rápida limpeza antes de colocá-los de volta.

ADOCE ESSA ALMA

Para ter um pouco de energia a mais e aumentar a magia do espelho, por que não tentar fazer um feitiço para adoçar o humor do seu inimigo? Esse é um jeito ótimo de aumentar seu carma positivo e garante que a pessoa vai lhe enviar pensamentos mais agradáveis no futuro. Pegue um pedaço de papel tamanho carta ou A4 e, com uma caneta preta, escreva seu nome e, abaixo dele, o nome do seu inimigo. Pegue duas pétalas de rosa cor-de-rosa e uma pitada de sal e coloque-as no meio do papel. Esses itens representam harmonia e limpeza e vão acalmar magicamente o antagonismo. Dobre o papel ao meio (mantendo as pétalas dentro do papel). Em seguida, dobre o papel ao meio de novo. Continue dobrando o papel até não conseguir mais dobrá-lo. Depois de dobrá-lo até ficar no menor tamanho possível, coloque-o sobre uma mesa e acenda uma vela amarela ao lado. Diga o seguinte feitiço três vezes:

Anjos, abençoem esta alma,
Faça nossa união agradável,
Acalme a disposição dela,
Que sumam os pensamentos ruins.
Que assim seja.

A vela deve queimar até apagar.

CONCENTRE-SE NA SUA MAGIA

Claro que nenhum feitiço vai funcionar se você não acreditar nas suas habilidades. O objetivo da magia é enviar intenções positivas, então, se você estiver no meio de um feitiço e começar a duvidar se ele vai funcionar ou não, é improvável que funcione. Colocar-se no estado de espírito correto é muito importante. Você tem que confiar no seu poder e acreditar de todo o coração que vai ter sucesso. Se acontecer de pequenas dúvidas incômodas entrarem no seu cérebro a cada poucos segundos, você precisa tentar bani-las. Uma boa maneira de fazer isso é dizer a si mesma que o feitiço *vai* funcionar. Depois de ter tido sucesso com alguns feitiços e ter visto os resultados em primeira mão, você naturalmente vai desenvolver uma confiança na sua magia, mas, nos primeiros dias, as bruxas novatas precisam focar, focar, focar!

É um pouco como ir a uma entrevista de emprego e ficar sentada nervosa na recepção, esperando ser chamada. Se você disser a si mesma que não tem esperança de conseguir o emprego, provavelmente não vai consegui-lo. No entanto, se entrar lá com muita confiança e projetar a atitude certa, pode sair triunfante. Na verdade, é a mesma coisa com o lançamento de feitiços. Não tenho a menor dúvida de que todos os meus feitiços vão funcionar. Tanto que, nas ocasionais situações em que um feitiço não surte o efeito desejado, fico bem chocada!

QUANDO UM FEITIÇO DÁ ERRADO

Quando um feitiço parece não ter o efeito desejado, você pode tentar fazê-lo de novo, mas às vezes as coisas acontecem por um motivo, e nenhum feitiço consegue mudar determinada situação. Acho que nossos guias e anjos nos ajudam sempre que podem, mas de vez em quando nos deparamos com situações por um motivo simples, que é o propósito de aprender. Pode ser que não tenhamos permissão para adoçar o humor do chefe porque temos que aprender a nos defender. As vítimas da vida costumam estar cercadas de indivíduos de mente forte e vão continuar assim até lutarem para ter respeito. Se for esse o caso, seu chefe agressor ou sua sogra controladora não vão desistir até você usar sua autoridade de uma vez por todas.

Por outro lado, seus feitiços podem estar fracassando porque você está cansada ou doente. Sua aura tem que estar em ótimas condições para o feitiço ter sucesso, então, antes de começar qualquer magia, analise se você não acabou de brigar com seu companheiro, gritou com seus filhos por jogarem pipoca no chão ou começou a ter febre.

Muitas bruxas meditam durante meia hora ou mais antes de se aventurarem a fazer um feitiço. Algumas encaram fixamente as chamas enquanto tentam limpar a mente da agitação diária. A reflexão tranquila acalma a alma e nos ajuda a criar um ambiente calmo e tranquilo.

CONSUMA ALIMENTOS ORGÂNICOS

A Mãe Terra é uma coisa maravilhosa, e, quando olhamos para o nosso planeta em seu estado natural — sem interferência humana —, tudo está em perfeito equilíbrio. As leis da natureza devem ser respeitadas e apreciadas e, como somos apenas visitantes deste planeta, devemos tentar não as desfigurar de forma nenhuma. As bruxas acreditam que temos um dever para com a terra e, embora eu não acredite em exageros, se todos nos tornássemos um pouco mais "verdes" e cuidássemos do nosso cantinho do mundo, não teríamos tantos problemas globais como temos hoje.

Tenho sorte porque moro em uma fazenda no coração do sudoeste da Inglaterra, e as pessoas de longe que vêm me visitar dizem que é como voltar no tempo. Embora morar no meio do campo tenha seus problemas, tenho a sorte de ter espaço para cultivar todas as minhas frutas e vegetais e ser tão orgânica quanto as lesmas permitem.

Acredite se quiser, todos os alimentos têm uma vibração negativa ou positiva. É importante saber isso, porque toda vez que você morde um sanduíche de presunto e queijo ou lambe o creme de uma bomba de chocolate, esse alimento veio de uma fonte em algum lugar. Se o porco que está no seu sanduíche era um porco infeliz (digamos que suas condições de vida se assemelhavam às de uma prisão na Sibéria), a energia que você está colocando no seu corpo é negativa.

Comida e água são nosso combustível e nosso sustento. Para funcionar bem no dia a dia, na mente, no corpo e no espírito, temos que considerar os alimentos como nossa gasolina. Você não colocaria diesel em um carro sem chumbo, então por que colocar o combustível errado no seu corpo? Sejamos realistas, seu corpo terá que carregá-la pelo restante da vida, então é necessário que você lhe dê o combustível certo, faça manutenção regularmente e troque o óleo de vez em quando. Entendo que nem todos podem cultivar seus próprios alimentos no quintal e que muitos de nós somos dependentes das prateleiras dos supermercados, mas tente comer uma dieta equilibrada e nutritiva e comprar carne e ovos caipiras e produtos orgânicos sempre que puder. Isso vai ajudar a garantir que sua aura e sua energia fiquem bem ajustadas.

BRUXAS GANANCIOSAS PROVOCAM FALHAS MÁGICAS

Algumas bruxas pensam que fazer um feitiço para ganhar dinheiro é o maior pecado que você pode cometer, mas eu apenas dou de ombros e lhes desejo boa sorte na pobreza. O dinheiro faz o mundo girar, e pedir um pouco mais para facilitar a vida nunca é demais.

É engraçado como a magia do dinheiro funciona, porque você não encontra muitas bruxas ricas. Nós nunca temos quantias abundantes de dinheiro guardadas nas contas bancárias e raramente dirigimos carros luxuosos. Isso seria fácil demais! Isso acontece porque, quando invocamos o dinheiro, só podemos receber a quantia exata de que precisamos. Portanto, é sempre melhor ser específico em relação à quantidade necessária; você pode até recebê-la. Acredite: se eu pudesse pegar minha varinha e invocar um bilhete de loteria premiado, eu faria isso, mas, infelizmente, existem regras e regulamentos tácitos, e até agora nunca ouvi falar de alguém ficar multimilionário como resultado de um feitiço.

Podemos ter estabelecido que você nunca vai ser uma bruxa próspera ou um feiticeiro rico lançando feitiços, mas nem tudo está totalmente perdido. Você pode fazer um pouco de magia para aumentar o tamanho da sua bolsa e pagar por uns gastos extras. A melhor maneira de fazer isso é inscrever seu nome e a quantidade de dinheiro de que precisa em uma vela verde limpa. Coloque-a perto de alguma coisa elétrica, como uma televisão ou chaleira, pois isso vai amplificar a magia e fazer com que funcione mais rápido. Acenda a vela e diga este encantamento sete vezes:

O dinheiro de que preciso é para o bem, e não por ganância.

Encerre dizendo:

Que assim seja.

Como sempre, deixe a vela queimar até o fim. Nos dias seguintes, você pode começar a receber pequenas injeções de dinheiro, talvez de fontes inesperadas. Agora vem a parte importante. Sempre dê uma pequena parte do seu dinheiro mágico de volta à sociedade. Não importa para quem ou o que você dá o dinheiro, desde que o dê. Se você não fizer parte do dinheiro circular, o valor total que recebeu será retirado de você no futuro. Então digamos que, depois de fazer o feitiço, você receba 100 reais que não estava esperando. Separe 5 reais e coloque em uma caixa de caridade. Isso garante que você vai manter os 95 restantes e todos vão se beneficiar!

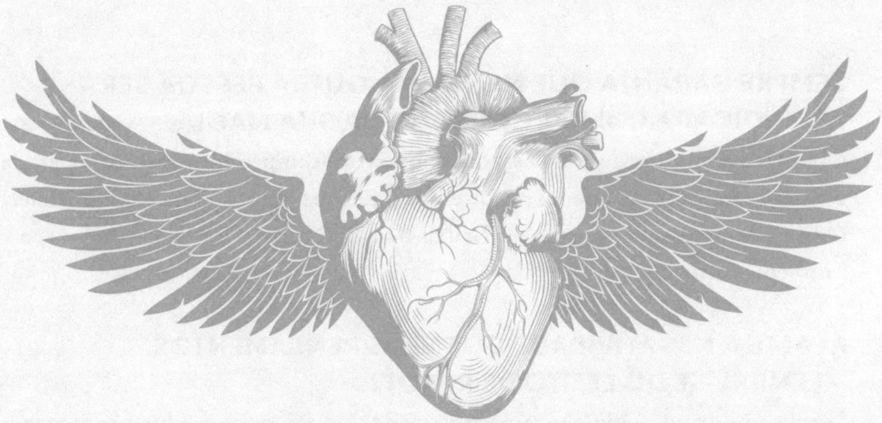

INTERFERÊNCIA MÁGICA

As pessoas me pedem o tempo todo para trazer de volta amantes que fizeram as malas e foram embora ou para fazer o cara sexy do escritório ao lado se apaixonar perdidamente por elas, e minha resposta sempre é "Não!". Não é nosso direito interferir ou influenciar o que uma pessoa pensa ou sente. As bruxas wiccanas acreditam que todos têm livre-arbítrio para amar quem quiserem, e não é nossa função interferir nesses assuntos. O amor e o romance têm um papel importante na vida de todos, e é natural que as pessoas queiram garantir que serão muito felizes nessas áreas, mas há algumas coisas que não são o certo a se fazer. No entanto, há tanto a dizer sobre a questão da magia do amor que dedicamos um capítulo inteiro a ela (veja o capítulo 10), então, por enquanto, vamos terminar com um importante conjunto de diretrizes (nas páginas seguintes) que toda bruxa deve ter em mente ao fazer um feitiço.

Dica da Shawn

Entenda que tudo acontece por um motivo, então, se seu feitiço não funcionar, não se culpe. Antes de dormir, peça aos seus anjos, guias ou deuses que lhe deem uma compreensão mais ampla de por que você não pode ter o que deseja; você pode descobrir que as respostas surgem durante um sonho noturno.

1 SEMPRE GARANTA QUE NENHUMA OUTRA PESSOA SERÁ PREJUDICADA COMO RESULTADO DA SUA MAGIA.

Chamar a si mesma de bruxa significa que você sempre vai se esforçar para fazer a coisa certa e enviar apenas amor e bondade aos outros. Pense em o *Mágico de Oz* e se esforce para ser como a Bruxa Boa do Norte. Glinda conseguiu, e você também consegue!

2 AFASTE A NEGATIVIDADE DOS SEUS PENSAMENTOS – LEMBRE-SE DO EFEITO DE REBOTE.

Lembre-se de que cada pensamento que você envia pode facilmente ricochetear no receptor e ser arremessado de volta para você na velocidade da luz. Foi você que criou a névoa negativa, então ela pertence a *você*!

3 NUNCA LANCE UM FEITIÇO QUANDO ESTIVER ANGUSTIADA OU DOENTE.

Por mais engraçado que pareça, nossas projeções de pensamentos podem ficar confusas se estivermos zangadas, infelizes ou doentes. Os feitiços podem não funcionar ou os resultados podem ser confusos. Portanto, é imperativo estarmos no estado de espírito certo e fisicamente saudáveis antes de começar qualquer magia.

4 PENSE POSITIVAMENTE.

Se você sorri, é mais do que provável que esteja feliz. Cada vez que um pensamento ruim surgir na sua mente, afaste-o e tente pensar em coisas boas. Sua aura é um campo de energia magnética e, se ela estiver sombria ou deprimida, você vai atrair situações destruidoras e deprimentes.

5 CRIE UM AMBIENTE TRANQUILO E CALMO PARA FAZER FEITIÇOS.

Deixe seu espaço o mais agradável possível com velas, música suave e muito sal por perto para afastar a negatividade. Não deixe sua casa ficar entulhada e limpe-a com frequência.

6 **INVOQUE OS SEUS ANJOS PARA AJUDÁ-LA.**

Seus anjos nunca se afastam muito e vão ficar felizes em ajudá-la e apoiá-la quando você estiver tentando mudar uma situação. Antes de fazer o feitiço, faça uma oração silenciosa às forças angelicais pedindo proteção e você será envolvida na influência dessas forças.

7 **RESPEITE TUDO.**

Não há necessidade de ser obsessivo, ainda mais se você estiver sentindo um aperto financeiro, mas tente ao máximo comer todos os alimentos certos. Comida é combustível e afeta sua aura, então coma o máximo possível de alimentos orgânicos. Se você comer mal, vai se sentir mal. Lembre-se de que todo animal, vegetal e folha tem um espírito, por isso trate tudo com o respeito que ele merece.

8 **DESEJE DINHEIRO, MAS TOME CUIDADO COM A GANÂNCIA.**

Se você precisar fazer feitiços para ter ganho material, ao receber esse dinheiro resultante da magia, doe um pouco para manter o ciclo da boa fortuna girando. Um real em uma caixa de caridade já basta; se você espalhar a riqueza, seu carma vai continuar positivo.

9 **NUNCA INFLUENCIE A MENTE DE UMA PESSOA COM MAGIA.**

Todos têm direito ao livre-arbítrio, portanto, *nunca* faça um feitiço para influenciar as decisões de uma pessoa. Fazer isso tem consequências drásticas. Você poderia indiretamente tirar essa pessoa do caminho que ela está destinada a percorrer e privá-la das lições que ela precisa aprender. Se você faz um feitiço para reconquistar um ex, por exemplo, pode ser que você atrapalhe a união que ele ou ela está destinado a ter com outra pessoa no futuro. Se você o puxou ou a puxou de volta, você interferiu no carma dele e pode levar um tapa cármico quando finalmente virar espírito.

10 **ACREDITE EM SI MESMA.**

Nenhuma magia vai funcionar se você não acreditar em si mesma, então acredite de verdade nos seus feitiços. O sucesso virá.

Wiccapédia

Capítulo 20

Belezas invisíveis no labirinto mágico

Shawn Robbins

Chega um momento em que é preciso perguntar: qual é o sentido desse carrossel da vida? Não vou mentir e dizer que, como wiccanos, sabemos todas as respostas, porque não sabemos. O que sabemos é que todos temos a capacidade de nos envolver e usar a energia ao nosso redor, e essa bênção pode ser transmitida para enriquecer e mudar vidas, incluindo a sua. É um poder muito maior do que a mente pode imaginar, e o que você faz com esse poder pode mudar o curso do seu destino e também tocar a vida de outras pessoas.

Quando você está percorrendo o caminho da vida e de repente se sente perdida, precisa confiar no seu sexto sentido, o poder onipotente que vê, ouve e sabe tudo. É perfeitamente seguro ligar seus antigos instintos e olhar além de portas fechadas — ou portas que você *acreditava* estarem fechadas —, mas saiba que a capacidade de ver o que os outros não conseguem ver pode fazê-la se sentir esgotada.

As bruxas tendem a ser pessoas muito empáticas. Algumas de nós até nos chamamos de empatas, como mencionamos no início do livro, já que temos a capacidade de sentir literalmente as emoções e a energia que emanam dos outros. Quando você anda por aí captando sentimentos de desconhecidos na rua, às vezes pode parecer um fardo imenso, porque você está lidando com questões e problemas de todos. Você pode permitir que esses sentimentos a arrastem para uma depressão profunda ou pode tentar se proteger e, em vez disso, procurar maneiras de trabalhar pelo bem maior.

Sabemos que é quase impossível ajudar todo mundo pessoalmente, mas é importante ajudar aqueles que a procuram com o melhor da sua capacidade. Quanto ao restante do mundo, acredite se quiser, *existem* maneiras de ajudar pessoas que você não conhece e que talvez nunca venha a conhecer!

AJUDA INDIVIDUAL

Ajudar pessoas individualmente nos modos wiccanos não é difícil. É como se você fosse contador e alguém lhe pedisse ajuda com os impostos. Você tem um conjunto de habilidades que pode colocar em bom uso com muita facilidade, e uma das habilidades mais raras pode ser se comunicar com as almas que cruzaram ou ficaram "presas" no caminho até o outro lado.

Digamos que você tem um amigo que perdeu um ente querido e parece que a pessoa falecida não está em paz. Não é incomum uma alma ficar "perdida" ou confusa quando a morte é especialmente repentina ou traumática; algumas podem ficar no plano terrestre durante séculos, acreditando que ainda estão vivas ou que ainda têm negócios para resolver.

Existem muitas maneiras de os vivos ajudarem na transição de uma alma morta para o reino espiritual e, quando você faz isso, está ajudando seu amigo *e* o espírito. Aqui estão algumas coisas que você pode tentar depois de proteger sua aura:

ORAÇÕES: Se seu amigo for religioso, ore com ele pela alma do falecido para que faça uma passagem tranquila para o outro mundo. (Não importa se você acredita no poder da oração ou não — você está ajudando seu amigo pelo simples fato de se envolver no ritual com ele.)

GUIAS ESPIRITUAIS: São "almas ajudantes" do outro lado. Para fazer contato, feche os olhos, acalme a mente, diga um simples "Olá?" nos seus pensamentos e ouça a resposta. Como mencionamos nos capítulos anteriores, algumas pessoas conseguem ver e ouvir seus guias espirituais. Para seus propósitos aqui, você vai pedir ao guia espiritual para intervir e conduzir a alma presa até o reino espiritual.

MEDITAÇÃO E VISUALIZAÇÃO: Pegue a mão do seu amigo e guie-o por uma visualização na qual você se imagina conduzindo a alma falecida pela mão por um lindo caminho de jardim. Deixe o amigo e o falecido caminharem sozinhos os últimos trinta metros do caminho. Antes de fazer este exercício, seu amigo pode preparar uma espécie de "discurso estimulante" para incentivar o espírito a passar para o outro mundo. Eles podem se despedir no fim do caminho.

ACENDER UMA VELA BRANCA: As velas brancas representam pureza e luz. Enquanto o pavio queima e a fumaça começa a subir, medite e visualize o espírito do falecido também subindo e evaporando deste mundo.

Use a intuição para decidir qual método vai funcionar melhor ou use um pêndulo para ajudá-la a fazer a chamada, mas use seus poderes de intenção para ajudá-la a auxiliar o espírito. Sem esses poderes, você vai apenas seguir os movimentos, e aquela alma confusa não vai a *lugar nenhum*.

ENCONTRANDO OS NECESSITADOS

Ajudar amigos e entes queridos às vezes é uma coisa fácil. Eles nos procuram pedindo conselhos, e muitas vezes podemos intuir exatamente do que eles precisam. Mas há outras pessoas no mundo que também precisam de uma mão amiga. Às vezes, nós as conhecemos pessoalmente (um parente doente a milhares de quilômetros de distância), às vezes não (vítimas de desastres naturais em todo o mundo), mas, como wiccanos, podemos sentir um puxão na nossa energia, aquela sensação de "Eu gostaria de poder fazer alguma coisa para ajudar!". Como podemos ajudar aqueles com quem não podemos estar, aqueles que não podem ir até nós para uma leitura ou um feitiço? Existem algumas coisas que podemos fazer individualmente ou em pequenos grupos, incluindo:

MEDITAÇÃO: Quer você medite sozinho ou com um grupo de pensamento semelhante, é possível enviar vibrações pela paz mundial, mais saúde para aqueles que estão doentes, uma economia melhor, empregos para os desempregados, você escolhe. O importante aqui é a intenção, quer você saiba ou não quem vai se beneficiar com o seu trabalho.

DOAÇÕES: Parece simples, mas muitos de nós esquecemos que existem pessoas necessitadas ou simplesmente doamos sem pensar. Mais uma vez, sua intenção é de extrema importância aqui. É fácil jogar um envelope de doação no correio e nem pensar naquilo. Na próxima vez, tente anexar uma intenção positiva a essa doação. Todos usam indiretamente a magia do papel e da caneta quando enviam bênçãos em um cartão de aniversário, por exemplo, então coloque um bilhete desejando sorte e sucesso ao destinatário. Isso vai carregar uma centelha oculta de magia.

INTENÇÃO FOCADA: Quando você vir pessoas na rua que parecem ter acabado de perder seu melhor amigo, dedique um segundo para concentrar uma energia positiva e enviá-la para elas. Essas pessoas podem nunca saber o que você fez por elas, mas espero que isso rompa o campo de tristeza e as toque de alguma forma.

FEITIÇOS DE CURA: Existem vários feitiços que você pode fazer para invocar a cura em um sentido amplo, ou seja, para pedir paz e harmonia na vida de muitas pessoas em vez de se concentrar no bem-estar de um amigo ou membro da família. Aqui está um: coloque cinco velas azuis em um grande círculo no chão. Em uma folha de papel em branco, escreva a palavra *paz*. Agora acenda as velas e se sente no meio do círculo, concentrando a visão e os pensamentos nessa palavra. Respire fundo enquanto visualiza todas as coisas boas chegando àqueles que mais precisam.

QUEIME A NEGATIVIDADE: Existem várias cerimônias wiccanas que envolvem queimar palavras escritas em pedaços de papel como uma oferenda aos céus. Tente esta: em pedacinhos de papel, escreva as coisas que você gostaria de ver mudadas no mundo ao seu redor e, em seguida, coloque-as em um cinzeiro ou outro recipiente onde você possa queimar coisas. Os itens que você escreve podem ser semelhantes às metas que discutimos para meditação. Talvez você queira que a guerra, as doenças e a pobreza sejam eliminadas. Agora concentre sua intenção visualizando o mundo da maneira que você sonha que ele poderia ser. Quando estiver pronta, ponha fogo nos pedaços de papel e observe a negatividade se dissipar. Respire fundo e confie que sua intenção vai fazer a diferença.

Essa prática de queimar é muito realizada em cerimônias de grupo como um meio de ajudar a corrigir os erros do mundo e torná-lo um lugar mais pacífico para se viver. Portanto, se conseguir reunir um grupo de pessoas de mente pacífica (não precisam ser wiccanos, só homens e mulheres cheios de intenções positivas), vocês podem ter um impacto ainda maior. Só tome cuidado para sempre iniciar qualquer intenção focalizada, meditação ou feitiço com uma visualização de proteção e, em seguida, limpe também seu campo energético.

PROTEGENDO SUA AURA

Ao longo deste livro, quando falamos de feitiços, meditações e habilidades paranormais, colocamos alguns avisos sobre como se proteger dos espíritos das trevas. Como queremos que você use seus poderes ao máximo e não tenha medo de se sintonizar com eles, incluímos algumas dicas para manter sua aura espiritual o mais limpa e protegida possível.

Em primeiro lugar, em geral, mantenha-se física e emocionalmente saudável. Coma alimentos nutritivos e siga uma dieta balanceada. Evite álcool e drogas em excesso. Beba muita água e descanse bem. Faça exercícios regularmente, seja uma caminhada rápida ou uma sessão na academia. Tente manter sua visão da vida o mais positiva possível. Essas são sugestões de bom senso. É mais fácil entidades negativas invadirem um corpo que tem algumas rachaduras na armadura, digamos assim.

Em segundo lugar, tente as seguintes maneiras mais específicas de se proteger:

* Antes de começar um feitiço, meditação, visualização ou qualquer tipo de leitura psíquica, sente-se em um local confortável. Feche os olhos e respire fundo. Visualize uma luz branca à sua frente ou acima se estendendo para envolvê-la por completo. (A luz branca é *o* elemento protetor dos videntes e médiuns.) As velas, quando acesas, atraem uma forma mais elevada de vibração espiritual; são conhecidas por afastar os maus espíritos, então tenha uma por perto e acenda antes de começar a trabalhar.

* Mantenha um alho por perto — os espíritos das trevas odeiam!

* Use os guias espirituais. Chame-os e peça proteção.

* Use um amuleto para afastar a energia maligna. Se você não tiver um amuleto, é fácil encontrar um. Na verdade, muitos são elementos naturais, e coisas como pedras, flores, ossos e trevos de quatro folhas funcionam maravilhosamente bem. Os cristais de quartzo também são amuletos poderosos. Agora, eu sei que você quer perguntar: "Você está me dizendo que eu posso só sair e colher uma flor e ela vai me proteger de seres sombrios e malignos?". A resposta é sim e não. A flor só pode protegê-la se você a infundir com a sua intenção. Existem alguns rituais bem complexos para fazer isso, mas acredito que você pode alcançar o mesmo resultado apenas meditando com o objeto por vários minutos. Segure-o na mão e tente um cântico simples, como "Peço ao poder da natureza para me proteger de todos os espíritos malignos".

* Faça um talismã, que é um protetor mais forte do que um amuleto. Para isso, você deve combinar vários materiais ou elementos e infundi-los com a mesma intenção do item anterior. A diferença é que os talismãs (ao contrário dos amuletos) às vezes contêm materiais que você não encontra na floresta, como metal, ou até elementos que têm um significado especial para o usuário, como uma moeda da sorte. As pedras de proteção usadas como talismãs incluem olho de tigre, quartzo branco, diamante, hematita, turquesa e lágrima de apache. A opala dendrítica (às vezes chamada de merlinita) também é uma boa pedra para magia.

* Uma última coisa: para se limpar depois de um ritual ou leitura, mergulhe em uma banheira com partes iguais de sal marinho e bicarbonato de sódio. Normalmente, uma colher de chá de cada um dissolvido em uma banheira de água morna é suficiente. A combinação ajuda a eliminar toda negatividade que possa ter grudado em você.

Talismãs

Um talismã de pedra é bem poderoso. Para fazer um, pegue uma pedrinha e deixe-a em água salgada durante a noite para limpá-la. No dia seguinte, tire-a para secar. Depois escreva seu desejo nela com um marcador permanente e coloque-a em uma bolsinha junto a uma ou mais das outras pedras listadas. Leve sua bolsinha de talismã consigo para atrair boa sorte.

PROTEÇÃO PARA SUA CASA OU ESPAÇO DE TRABALHO

Os wiccanos precisam se sentir livres para criar e praticar feitiços, divinação, meditação, contatos com guias espirituais e muito mais. Algumas coisas incríveis vão acontecer com você no seu trabalho; a desvantagem, claro, é que também existem alguns espíritos desagradáveis por aí, e eles podem entrar no nosso mundo se deixarmos a porta aberta, digamos assim. Mantendo-se saudável e protegido (usando os métodos de que falamos neste capítulo), você pode impedir que os espíritos das trevas invadam seu corpo; no entanto, você também precisa evitar que eles se instalem na sua casa. Mantenha a energia no espaço onde você realiza os feitiços ou pratica a divinação o mais clara e limpa possível usando os seguintes métodos:

* Sinos e sinos dos ventos são bons repelentes de energias negativas. Pendure alguns sinos dos ventos do lado de fora da sua porta e mantenha um sino à mão sempre que estiver trabalhando em um feitiço, fazendo contato com o mundo espiritual ou perscrutando o futuro.

* Queimar manjericão, alecrim ou sálvia afasta os maus espíritos. Essas ervas são fáceis de encontrar, obviamente, e é por isso que as listo primeiro, mas olíbano, lavanda, mirra, mandrágora ou valeriana têm os mesmos resultados. Incenso de sândalo e rosa também são ótimos protetores contra o mal e têm um bônus adicional: deixam sua casa com aroma de limpeza. Espalhe as ervas no seu espaço de trabalho. Para transformá-las em um pó fino (imperceptível ao olho humano), coloque-as no moedor de café; depois você pode salpicar seu espaço com pó de ervas. A natureza protetora dessas ervas também pode ser ativada pela queima de uma pequena quantidade delas em uma tigela no seu local de trabalho.

* Defume seu espaço e sua aura de vez em quando. Arranje um bastão de defumação (sálvia seca, cedro, erva-doce ou lavanda. Você os encontra em uma loja esotérica ou on-line). Defina sua intenção — limpar a área e a si mesma — e depois acenda o bastão. A fumaça elimina a energia negativa, então vá até os cantos e sacuda o bastão para todos os lados.

* Quando estiver relaxando na frente da TV à noite, acenda uma vela perfumada bem colorida. Qualquer tipo serve. As velas são ótimas para limpar uma área e vão deixar as energias equilibradas e intactas.

* Como sempre, antes de começar qualquer leitura ou feitiço, concentre-se em uma intenção positiva. Visualize uma luz branca circundando todo o cômodo em que você está trabalhando. Chame os guias espirituais para manter a área sem nada maligno. Peça e você receberá, minha amiga.

VÁ EM FRENTE E FAÇA ALGO DE BOM

Ouço as pessoas falarem mal dos wiccanos o tempo todo. Infelizmente, se você for aberta a respeito das suas crenças e práticas, pode ser criticada, porque ainda existem indivíduos antiquados e sem educação no mundo. A maioria dos wiccanos considera tudo isso com cautela, porque, no fundo, sabemos que somos pessoas boas de verdade.

Sabemos que todo mundo nasce com certos talentos. Algumas pessoas são atléticas; algumas sabem cantar como estrelas do rock; outras são dançarinas, poetas ou gênios da matemática. Se você ouvisse que uma criança genial com números não estava usando seus dons porque os amigos e familiares acharam que era uma inclinação estranha, provavelmente pensaria: "Que pena. Ela podia fazer muita coisa com esse talento!". É igualmente triste quando meninos, meninas, homens e mulheres intuitivos bloqueiam ou ignoram suas habilidades. Existem céticos por aí que vão lhe dizer que as bruxas são falsas ou problemáticas de algum jeito, que fazer feitiços e usar métodos divinatórios é um monte de bobagem e que você deve se afastar o máximo possível dessas coisas. Essas, mais do que quaisquer outras, são as razões pelas quais as pessoas bloqueiam suas habilidades. Elas têm medo das reações da sociedade, do que os familiares vão dizer e do que os amigos podem pensar.

Nós pensamos assim: quando seu destino chama, você tem que atender. E só pelo fato de ter lido este livro, eu diria que o destino está na linha telefônica! Portanto, reconheça os dons wiccanos que você recebeu. Existem muitas e muitas maneiras de você sair por aí e usar o que tem, e outras tantas maneiras de ajudar as pessoas que precisam. E, quando você puder fazer isso, acho que vai descobrir que suas habilidades vão ser aprimoradas e seus poderes vão se abrir ainda mais. Lembre-se de que é dando que se recebe e, embora a vida possa lhe trazer muitos problemas de vez em quando, você não pode ensinar o que não aprendeu.

Dica final de Shawn e Leanna

Seja confiante. Seja amorosa. Seja gentil.
Seja o melhor que puder. Nós prometemos
que tudo vai voltar para você em triplo.

ALECRIM: Provavelmente uma das ervas mais usadas na Wicca, o alecrim é bom para a alma e é um poderoso limpador.

ALHO: Pendurado por bruxas nas portas para afastar o mal. Além disso, o sal de alho é colocado em bolsinhas e sachês para afastar vibrações ruins.

ALTAR: Base para trabalhar na execução de feitiços e rituais. Pode ser uma mesa de centro, uma prateleira ou até um pano no chão. O altar geralmente é adornado com as ferramentas das quais uma bruxa precisa para fazer feitiços específicos.

AMETISTA: Cristal roxo lavanda usado para curar ou ajudar a acalmar o estresse e os nervos.

ANGÉLICA: Erva usada para invocar anjos e pedir proteção.

ANJO: Ser de uma ordem superior que pode guiá-la e auxiliá-la na jornada da vida.

ANJOS DA TERRA: Anjos que assumem a forma humana e são designados para viver entre as pessoas na Terra para ajudá-las em tempos de necessidade.

ARTEMÍSIA: Erva usada para aumentar o desempenho de um feitiço.

ATHAME: Faca cerimonial, normalmente com cabo preto e lâmina de dois gumes, usada para traçar círculos mágicos antes de iniciar um feitiço.

BOLSINHAS: Pedacinhos de tecido, mais ou menos do tamanho de um lenço, que contêm uma seleção de itens mágicos. Depois de colocar os objetos dentro do tecido, a bolsinha é amarrada na parte superior com uma fita.

BRAÇO DIREITO: Equivalente a um padrinho na cerimônia de *handfasting*.

CAIXA DE DESEJOS: Caixa de qualquer tamanho com tampa; tradicionalmente recheada com ervas ou especiarias. Usada em conjunto com um feitiço para invocar o desejo de alguém.

CALDEIRÃO: Panela geralmente com uma alça por cima, que pode ser usada como recipiente para fazer infusões e poções.

CÁLICE: Simbolizando a fertilidade, em épocas passadas, a tigela representava o útero da deusa, a base significava o mundo terreno e o caule sugeria a relação humana com os espíritos.

CAMOMILA: Erva usada em práticas mágicas para curar a insônia.

CANELA: Usado em feitiços para atrair riqueza e aumentar a habilidade psíquica.

CASCA DE CARVALHO: Usada magicamente para aumentar os níveis de energia e a força emocional.

CATOPTROMANCIA: Maneira de ter visões espirituais e prever o futuro olhando para uma superfície reflexiva ou mutável de algum tipo.

CEBOLINHA: Erva pendurada sobre a porta da frente para impedir a entrada de espíritos indesejados.

CHACRAS: Sete espirais de energia localizadas no corpo etéreo. Dizem que são conectadas aos órgãos vitais do corpo físico.

CITRINO: Cristal que representa abundância, boa sorte e inspiração.

COVEN: Grupo de wiccanos que compartilham seus feitiços e rituais e se unem para realizar magias em conjunto, usando a energia coletiva para dar mais poder aos feitiços.

CRAVO: Tempero de cozinha que pode ser usado com alguns feitiços. Cravo enfiado em laranjas pode ajudar a pessoa a encontrar o amor verdadeiro e acabar com o luto.

DAMA: Equivalente no *handfasting* de uma dama de honra ou madrinha.

DENTE-DE-LEÃO: Planta comumente usada por bruxas para invocar espíritos ou para ajudar em feitiços de saúde.

DIÁRIO DE SONHOS: Caderno mantido ao lado da cama para anotar seus sonhos.

DIVINAÇÃO: Uso de ferramentas, cartas e percepções psíquicas para prever o futuro.

ENCANTAMENTO: Um feitiço rimado, geralmente falado várias vezes enquanto um ritual está sendo executado.

ENDRO: Erva usada pelas bruxas para proteger as crianças.

ENERGIZAR: Deixar um objeto, como um pentagrama, ao ar livre durante a noite (ou no alpendre da frente ou no parapeito da janela) durante a fase da lua cheia, para limpar e abençoar o objeto e imbuí-lo de energia mágica.

EQUINÁCEA: Erva aplicada em feitiços para repelir resfriados e gripes e para ajudar na cura.

ERVA-DE-SÃO-JOÃO: Erva usada para proteger contra fogo, para banir fantasmas e demônios e para promover a visão psíquica.

ERVA-DE-GATO (*CATNIP*): Erva carregada na bolsa ou no bolso para atrair o amor e a popularidade ou para ter segurança durante uma viagem. Muitas vezes dada a amigos como uma forma de selar amizades e garantir que sejam duradouras.

EUCALIPTO: Erva usada como desinfetante, para equilibrar emoções e para tomar decisões.

FAMILIAR: Companheiro animal que apoia a bruxa auxiliando em seu trabalho mágico.

FEITIÇO: Forma de pedido cósmico ou projeção de pensamento. Ritual que usa um conjunto de objetos e ferramentas.

FOLHA DE CONFREI: Usada em feitiços para aplacar emoções e para dar proteção em viagens.

FRUTOS E FLORES DE SABUGUEIRO: Erva dada a uma noiva no dia do casamento para que ela fique protegida e feliz no relacionamento.

GUIAS: Almas que completaram suas encarnações; viveram muitas vidas, aprenderam inúmeras lições, se "formaram" e são designadas para ajudar os humanos em sua jornada de vida.

***HANDFASTING* OU UNIÃO DAS MÃOS:** Antiga cerimônia pagã de casamento praticada por bruxas, usando cordas ou fitas para amarrar as mãos.

HEMATITA: Mineral preto brilhante, cinza ardósia ou vermelho prateado usado para dar segurança durante a viagem astral e para proporcionar aterramento quando o espírito retorna ao corpo.

HORTELÃ: Erva de jardim usada em rituais para ajudar a invocar anjos.

ILANGUE-ILANGUE: Flores da árvore de ilangue-ilangue, muito usadas em incensos, que podem aprimorar feitiços de amor, harmonizar casamentos e curar a impotência.

INCENSO: Varetas de ervas secas, especiarias ou resinas usadas em práticas mágicas para limpar áreas e invocar energias universais.

INSCRIÇÃO: Usar uma faca ou alfinete para riscar desejos na cera de uma vela.

LÁPIS-LAZÚLI: Rica pedra azul usada para afastar vibrações negativas.

LAVANDA: É incorporada ao lançamento de feitiços para acalmar e promover um sono tranquilo.

LEITURAS DE FOLHAS DE CHÁ: Método de divinação usando folhas de chá em uma xícara.

LIVRO DAS SOMBRAS: Diário que as bruxas usam para anotar e registrar seus feitiços.

LOURO: Erva usada em práticas mágicas para facilitar os sonhos lúcidos.

LUA ESCURA: Fase de três dias imediatamente antes da lua nova; considerada a mais mágica e potente de todas as fases da lua.

MANDRÁGORA: Amplamente usada por bruxas para dar mais poder aos feitiços.

MANJERICÃO: Erva usada para atrair riqueza e prosperidade e ajudar na fertilidade.

MANTRA: Canto repetitivo para promover um estado de transe.

MATRICÁRIA: Erva conhecida por curar dores de cabeça.

MEDITAÇÃO: Técnica praticada para gerar um profundo estado de relaxamento. As bruxas podem usar a meditação para obter um contato mais claro com o mundo espiritual.

MOLDAVITA: Cristal raro e precioso, considerado extraterrestre, formado a partir do impacto de um meteoro que atingiu a Terra.

NUMEROLOGIA: Sistema divinatório que atribui significado aos números para ajudar a prever o futuro e a intuir informações sobre o caráter de uma pessoa.

OLÍBANO: Resina aromática usada para auxiliar qualquer feitiço de saúde.

ÓPIO: Planta usada em incensos para induzir o sono e revigorar os sentidos psíquicos.

PEDRA DA LUA: Cristal místico usado para encorajar premonições durante os sonhos, bem como para acalmar energias voláteis.

PÊNDULO: Objeto de peso balançado em uma corda ou corrente e usado durante a radiestesia — forma de divinação que as bruxas usam para adivinhar a verdade, equilibrar a energia, limpar os chacras ou fazer contato com o reino espiritual.

PENTAGRAMA: Estrela de cinco pontas, também conhecida como pentáculo, e que se acredita remontar a mais de 5 mil anos à antiga Mesopotâmia. As cinco pontas da estrela representam os cinco elementos; o espírito é o ponto mais alto, e os outros pontos, seguindo no sentido horário, são água, fogo, terra e ar.

PES (PERCEPÇÃO EXTRASSENSORIAL): Termo genérico que abrange tudo, desde a intuição intensificada até a clarividência, clariaudiência, clarissenciência, psicometria, telepatia, radiestesia, precognição, catoptromancia e mediunidade.

PROJEÇÃO ASTRAL: Capacidade de separar o espírito do corpo durante um estado de transe, para que o espírito possa deixar o plano terreno por algum tempo e entrar em uma realidade diferente.

PSICOMETRIA: Capacidade de segurar um objeto que pertence a outra pessoa para avaliar o caráter e o futuro dessa pessoa.

QUARTZO ROSA: Cristal relacionado a todas as coisas românticas, usado para atrair uma pessoa amada na feitiçaria.

QUARTZO: Cristal polivalente que pode ser incluído em quase todos os feitiços para gerar um resultado positivo.

REENCARNAÇÃO: Crença de que existe vida após a morte e que cada indivíduo renasce depois.

SACERDOTE/SACERDOTISA: Clérigo de alto escalão que lidera um coven e realiza cerimônias de casamento.

SAL: Fonte fantástica de proteção, usado em muitos feitiços para banir qualquer coisa maligna.

SÁLVIA: Erva frequentemente usada na forma de bastão para defumar ou como incenso para limpar e purificar uma área. Também promove sabedoria e conhecimento.

SÂNDALO: Erva usada para aliviar o sofrimento.

SEMENTES DE PAPOULA: Usadas em bolsinhas para feitiços de amor e fertilidade.

SESSÃO: Reunião de pessoas que dão as mãos ao redor de uma mesa para invocar espíritos.

SINO: Item geralmente presente no kit de ferramentas das bruxas; usado para banir más vibrações.

TABULEIRO OUIJA: Também conhecido como tabuleiro falante. Tábua com as letras do alfabeto e as palavras "sim" e "não" impressas. Usado para invocar espíritos durante sessões espíritas.

TALISMÃS: Objetos ou amuletos que são carregados de energia para dar boa sorte ou que são usados para fins específicos, como aumentar a fertilidade.

TURQUESA: Gema usada por bruxas para afastar o mau-olhado ou proteger contra pessoas negativas ou influências negativas.

URTIGA: Erva daninha de jardim usada por bruxas para expulsar espíritos indesejados.

URZE: Erva que dá sorte quando a temos em casa. Quando pendurada em uma janela, dizem que dá boa sorte aos habitantes.

VALERIANA: Planta cujas folhas ou raízes secas podem ser colocadas em caixas de desejos para aliviar a tensão e as discussões. Também usada em feitiços de animais.

VARINHA: Ferramenta cerimonial geralmente feita com madeira de salgueiro, sabugueiro, macieira ou cerejeira. Para fazer feitiços, a varinha é usada como uma ferramenta de invocação e também para abençoar e energizar objetos.

VASSOURA: Vassoura com fundo redondo simbolizando a fertilidade; usada por bruxas em rituais de fertilidade e para varrer a negatividade.

VELAS UNGIDAS: Para ungir uma vela, molhe o dedo em uma gotinha de óleo e passe o dedo na base da vela antes de acendê-la.

VELAS: Representam os elementos fogo e ar. A maioria dos feitiços inclui pelo menos uma vela.

VERBENA: Erva carregada por bruxas para melhorar o fluxo de caixa ou melhorar a carreira de alguém.

VIDENTE: Ter sensibilidade e percepção extrassensorial e capacidade de adivinhar o futuro. O termo *psychic* (médium ou paranormal em inglês) vem da palavra grega *psychikos*, que significa "da alma".

VISCO: Planta sazonal usada magicamente em caixas de desejos e sachês de amor e fertilidade.

VISUALIZAÇÃO: Capacidade de se concentrar e ver imagens com os olhos da mente.

WICCA ANGELICAL: Novo ramo da bruxaria baseado na energia dos anjos.

WICCA: Crença de mente aberta que ama a natureza e pode ser ajustada para atender às necessidades de cada pessoa.

AGRADECIMENTOS

Bill Gladstone, nosso agente literário na Waterside Productions. Obrigada por sua visão e presciência e crença nas duas bruxas que o universo lhe enviou.

Barbara Berger, nossa editora na Sterling Publishing. Enviamos a ela o Prêmio Vassoura de Ouro por acreditar em nós e tornar nosso livro realidade! Agradecimentos especiais também a Rachel Maloney, pelo belo design, e a Hannah Reich, editora do projeto da Sterling.

Shawn

Um grande agradecimento pela amizade e primeira edição de Karol Kowalczyk, que analisou meticulosamente cada palavra deste livro. Sem sua ajuda e atenção aos detalhes, tenho certeza de que *Wiccapédia* não teria a magia que tem agora.

Leanna

SHAWN ROBBINS

é coach de vida psíquica e astróloga. Suas previsões sobre celebridades apareceram no *National Enquirer*, no *Star* e no *Globe*. Foi apresentadora de talk show na rádio WABC e já deu várias palestras sobre assuntos paranormais.

LEANNA GREENAWAY

é uma popular clarividente britânica que aparece sempre na rádio. Com a mãe, fundou o The Psychic Study Centre, onde ensina alunos de todos os cantos do mundo nas artes ancestrais do tarô, Wicca e quiromancia.

MAGICAE

DARKSIDE

DARKSIDEBOOKS.COM

SHAWN ROBBINS

é coach de vida psíquica e astróloga. Suas previsões sobre celebridades apareceram no *National Enquirer*, no *Star* e no *Globe*. Foi apresentadora de talk show na rádio WABC e já deu várias palestras sobre assuntos paranormais.

LEANNA GREENAWAY

é uma popular clarividente britânica que aparece sempre na rádio. Com a mãe, fundou o The Psychic Study Centre, onde ensina alunos de todos os cantos do mundo nas artes ancestrais do tarô, Wicca e quiromancia.

MAGICAE
DARKSIDE
DARKSIDEBOOKS.COM